KB139939

보다 더 나은 〈동아시아사〉를 위하여

〈동아시아사〉 교육과정,
누가 어떻게 만들었을까?

보다 더 나은 〈동아시아사〉를 위하여

〈동아시아사〉 교육과정,
누가 어떻게 만들었을까?

지모선 지음

머리말

이 책의 기초가 된 박사학위 논문명은 "〈동아시아사〉 교육과정 개발 논의 연구"이다. 필자는 이 논문으로 인하여 연구자라고 명명되기 시작한 이후 〈동아시아사〉 전공자로 불리기 시작하였다. 필자가 〈동아시아사〉(고등학교 선택과목 〈동아시아사〉는 〈 〉를 넣었으며, 교과서는 『 』에 넣어 표기)를 처음 알게 된 것은 12월 어느 겨울 석사과정 강의 뒤풀이 자리였다. 한 학기를 마무리 하는 술자리에서 교수님께서 말씀하신 〈동아시아사〉라는 과목이 생긴다는 소식은 그리 집중해야 할 소재는 아니었다. 20대 청춘들이 학기도 끝난 시점에 그것도 술자리에서 '감히' 입술 끝에 올릴 소재는 아니지 않은가?

그렇게 지나친 〈동아시아사〉는 박사과정에 진학하고 학위논문 주제를 고민할 시점에 다시 만났다. 처음 박사학위 논문을 구상할 때는 〈동아시아사〉 교육과정, 『동아시아사』, 학교 현장을 계통적으로 연구하고 싶었다. 그러나 수시 개정 교육과정이라는 미명하에 〈동아시아사〉 교육과정은 현장의 검토도 받지 못한 채 빠른 속도로 개정되었다. 결국, 처음 의도와 달리 신설부터 두 차례 개정된 〈동아시아사〉 교육과정을 검토하는 것으로 박사학위 논문이 완성되었다. 혼돈의 박사학위 과정이었지만, 뒤돌아보니 연구의 깊이를 더하는 데에는 더 나은 선택이 되었다.

이 책의 구성을 간단히 소개하면 '들어가며', '나가며'를 포함하여 총 7개의 장으로 구성하였다. '들어가며'에서는 책을 출판하는 이 시점에 〈동아시아사〉에 주목해야 하는 이유에 대하여 서술하였다. 제1장부터 제4장은 〈동아시아사〉 신설부터 두 차례 개정된 〈동아시아사〉 교육과정 개발 과정과 논의를 살펴보았다. 다만, 기존 연구들처럼 〈동아시아사〉 교육과정 문서만을 분석하는 것이 아니라, 심층 면담을 통해 교육과정 개발 과정에 있었던 논의를 살펴보고 〈동아시아사〉 교육과정의 실체에 더 접근하고자 했다. 제5장은 앞의 글들을 바탕으로 〈동아시아사〉의 의미와 필요성 그리고 필자가 구현되길 기대했던 〈동아시아사〉의 모습을 제시하였다. '나가며'에서는 〈동아시아사〉 교육과정을 토대로 역사과 교육과정 개선을 위해 교육과정 개발 논의 측면에서 제언하였다.

2022 개정 교육과정으로 인하여 〈동아시아사〉는 〈동아시아 역사기행〉으로 진로선택과목이 되었고, 과목 성격과 그에 따른 내용 구성의 대대적인 변화가 있다. 이에 〈동아시아사〉를 연구해온 연구자로서 〈동아시아사〉에 대해 한 번쯤 매듭짓는 책이 필요하다고 생각했다. 다행히 부족한 필력임에도 출판사를 만나 정리를 할 수 있게 되었다. 따라서 이 책은 필자의 박사학위 논문을 토대로 학술지에 발표했던 글들을 재구성하여 작성하였다. 그 글들은 다음과 같다.

① 〈〈동아시아사〉 과목의 신설과 교육과정 개발〉,《歷史敎育》128, 2013.
② 〈2015 개정 교육과정과 〈동아시아사〉 교육과정 검토〉,《歷史敎育》143, 2017.
③ 〈2011 개정 교육과정 "동아시아사" 개발 논의〉,《교과교육학연구》23(6), 2019.
④ 〈〈동아시아사〉 교육과정 개정 논의를 위한 제언〉,《역사교육논집》77, 2021.

심층 면담을 위해 작성했던 연구 절차, 면담지, 연구 참여 동의서 등은 이 책의 성격상 생략했다. 이에 대한 자료는 "지모선,『〈동아시아사〉 교육과정 개발 논의 연구』, 이화여자대학교 대학원 박사학위 논문, 2017." 서론과 부록에 상세히 제시되어 있다.

필자가 〈동아시아사〉와 관련된 논문을 처음 학술지에 발표한 지 올해로 꼭 10년이다. 따라서 아무리 기존 글을 재구성한다고 하지만, 변화에 따라 수정해야 하는 부분들이 많았다. 처음 이 책의 성격을 고민했을 때는, 대중서는 아니지만 가볍게 읽을 수 있는 책을 상상했다. 이에 장도 세분화하고 전체적인 수정을 하려고 하였으나, 녹록한 작업은 아니었다. 전체적인 틀을 흔들어 다시 썼어야 했는데, 필자의 능력 부족으로 예전의 문장들이 그대로 담겨 있는 경우가 많다. 책을 마무리하면서 그 점이 가장 아쉽다.

열정만 가득하던 박사학위 과정생의 이야기를 경청해 주시고 기꺼이 심층 면담에 참여해 주셨던, 〈동아시아사〉 교육과정 참여 연구진께 다시 한번 마음으로부터 깊은 감사를 드린다. 많은 참여 연구진이 필자의 문제의식에 공감하며, 녹취록·참여 연구진 내부 회의록 등의 자료들을 공유해 주셨다. 따라서 이 글의 많은 지분은 그분들께 있다. 부족하지만 이 책으로 감사함을 표하고 싶다. 어릴 적 서점에 가면 언젠가 내 이름이 적힌 책이 진열되기를 상상했다. 그 꿈이 이루어질 수 있도록 도와주신 한국학술정보 출판사 담당자분들께 감사드린다. 또한, 항상 격려해 주시고 성원해 주시는 신라대학교 역사교육과 교수님들과 부족한 선생이지만 밝은 웃음으로 맞이해 주는 나의 제자들이 있어 신라대학교에서의 생활이 행복하다는 것을 전하고 싶다. 마지막으로 늘 연구자의 길을 보여주시는 나의 두 지도교수님과 가족들에게 사랑과 감사 인사를 전한다. 이분들 덕분에 '연구자의 길'을 포기하지 않고 걸어가고 있다.

2023년 어느 가을날
지모선

목차

〈동아시아사〉,
왜 주목해야 할까?

동아시아사란 현재의 동아시아 지역(region)을 단위로 하여 그 안에 사는 사람들의 역사를 말한다. 1990년대 한국에서 동아시아 담론이 본격적으로 논의된 이래, 2023년 현재 적어도 동아시아 담론은 주류 담론의 일부이다. 그만큼 동아시아 담론은 인문사회과학의 많은 분야가 개입되어 있으며, 다양한 맥락과 인식의 층위에서 이루어지고 있다. 1990년대 동아시아 담론이 형성시 주로 성립의 당위성과 유효성을 중심으로 논의가 이루어졌다면 2000년대 중반 이후는 동아시아를 하나의 단위로 구체화하며 심화한 연구 성과들이 축적되기 시작하였다.[1] 그러나 역사교육으로 관심을 돌려보면, 학교 교육에 〈동아시아사〉가 신설된지 14여년이 지난 현재까지도 자국사-세계사의 역사교육 2분 체제와 자국사–동양사–서양사의 역사학 3분 체제를 당연시해 온 탓에 그 어느 것도 아닌 〈동아시아사〉가 과연 성립될 수 있는 근거를 갖고 있는지 의아해하거나 부인하는 사람도 있다. 그러나 〈동아시아사〉는 신설 당시 기존 (한)국사와 세계사를 중심으로 이루어진 역사교육의 오래된 관행에 균열을 일으킴으로써 역사교육 연구에 새로운 변화를 예고하며 등장하였다. 그런데도 학교 현장에서 〈동아시아사〉의 위치는 항상 불안정했다. 〈동아시아사〉에 대한 교사와 학생의 인식에 대한 연구 성과와 학생들의 수능 선택과목 응시 현황*을 통해 추론해 보았을 때 적어도 역사학계에서 역사연구의 새로운 방법으로서의 동아시아사가 공감을 얻었다는 것과는 다르게 학교 현장에서 〈동아시아사〉는 많은 어려움이 존재하였다. 그렇다면 왜 〈동아시아사〉는 학교 현장에서 사랑받는 과목이 아니었을까?

학습자의 공부 부담을 줄이기 위해서 역사과 교육과정의 내용은 줄었으며, 〈한국사〉의 경우 절대평가로 바뀌는 등 대학수학능력시험도 변경되었지만, 공부 부담이 줄었다고 인정하는 학생은 찾기 힘들다. 학생들은 본인이 듣고 싶은 교과목을 선택하는 것이 아니라 대학수학능력시험에서 점수 받기 쉬운 교과목을 선택하는 것이 현실 때문이다.

또한, 〈동아시아사〉는 신설 이래 두 차례 개정에서 학교 현장의 어려움을 반영하고 이전 교육과정 이후의 연구 성과를 반영하는 '개선' 차원 정도로 개정되다 보니 서술은 변화하였지만, 서술 프레임은 크게 변화하지 않았다. '단원'이 '주제'로 변경되었음에도 국가별로 서술이 나열되는 구성은 그대로여서 『동아시아사』 문장만 따로 떼어내어 『세계사』 문장과 비교해 본다면 그 차이를 찾기 어렵다. 또한, 〈동아시아사〉 속 베트남 서술은 점점 축소되었고, 반대로 중국사 비중은 증가하였으며, 이로 인하여 기존 '동양사'와의 차별성이 사라졌다. 이것은 대학수학능력시험에서 〈세계사〉 동양사 문항과 〈동아시아사〉 문항 차이가

---

* 2023학년도 대학수학능력시험 9개의 사회탐구영역 중 동아시아사의 선택률은 9.69%로 7번째이다. 최대 2과목을 선택 가능한 현 수능체제에서 생활과 윤리(142,541명), 사회·문화(127,189명)가 대부분을 차지하고 있으며, 꼴찌인 경제(4,927명)를 제외하고는 나머지 과목 선택의 간극은 근소하다(윤리와 사상 34,226명, 한국지리 34,489, 세계지리 25,980명, 정치와 법 25,682, 동아시아사 20,413명, 세계사 16,457명).

크게 없는 것으로도 알 수 있다. 마지막으로 역사과에서 처음 시도되었던 '연대기적 주제 중심' 구성도 대단원명에서 통사적인 흐름이 강화되었으며, 교과서에서도 국가별로 병렬적 서술을 하면서 통사적 성격이 강화된 것도 그 이유이다.

그렇다면 왜 지금, 〈동아시아사〉를 왜 지금 주목해야 할까?

첫째, 2025년 고교학점제가 전면 적용되는 상황에서 2022 개정 교육과정이 고시되었고, 지금까지 일반선택과목이었던 〈동아시아사〉가 진로선택과목의 〈동아시아 역사기행〉으로 변화하였기 때문이다.[*] 〈동아시아사〉가 학교 교육에 편입된 지 14년여 지났으며, 〈동아시아 역사기행〉으로 변화하면서 대대적 변화가 예고되었음에도, 기초가 될 수 있는 〈동아시아사〉 교육과정에 대한 생산적인 분석과 논의가 축적되지 못하고 있다. 〈동아시아사〉 연구진은 현재 한국 역사학계의 전공 분류에 따라 3국의 국가 단위 연구자들로 구성될 수밖에 없다. 국가 단위를 넘어선 연구자라도 교류 또는 관계사 전공자들이어서 지역 단위 세계사로서의 동아시아사를 종합적으로 바라보고 교육 체계와 내용을 개발한다는 측면에서는 전문가가 부족한 상황이다. 이로 인해 교육과정을 공동으로 개발하는 과정에서 각자의 역할과 책임이 상승효과를 얻기는 어려웠고, 교육과정 고시 후에도 〈동아시아사〉 교육과정에 대한 관심이 부족하였다. 이처럼 학계의 관심이 부족한 상황에서 〈동아시아사〉는 〈동아시아 역사기행〉으로 변모하였고, 이 과목에 대해 2022 개정 교육과정의 연구진은 "〈동아시아사〉의 문

---

[*] 고교학점제 도입으로 2022 개정 교육과정에서 고등학교 선택과목이 일반선택과목, 진로선택과목, 융합선택과목으로 세분화되면서, 일반선택과목 수의 적정화 문제가 대두되었고, 역사과에서는 〈세계사〉만이 일반선택과목으로 남게 되었다. 따라서 〈동아시아사〉는 『역량 함양 사회교과군 교육과정 재구조화 연구』에서는 〈아시아사 주제 탐구〉라는 과목명으로, 『2022년도 개정 역사과 교육과정 시안 개발 연구 보고서』에서는 〈동아시아 역사기행〉이라는 진로선택과목으로 변경되었다.

제의식을 최대한 살리면서도, 학생들이 부담 없이 선택할 수 있도록 하기 위한 2022 개정 교육과정 연구진의 선택"[2]이었다고 서술하고 있다. 따라서 "〈동아시아사〉의 문제의식"을 담고 있는 〈동아시아 역사기행〉이 현장에 안착하기 위해서는 기존 〈동아시아사〉에 대한 충분한 검토를 바탕으로 학계 차원의 방향 제시가 필요하다.

　둘째, 〈동아시아사〉는 지금까지 다른 국가에서 시도된 적 없는 '낯선 과목'이므로 교육과정과 그 개발 과정에 대한 논의 검토를 바탕으로 차기 교육과정 개발에 참여하는 연구진을 위한 기록물이 필요하기 때문이다. 교육과정 개발에서의 수많은 의사결정은 여러 방안 중 특정 대안을 선택하는 과정이므로, 다양한 장·단점과 이들이 채택될 때 나타날 효과와 문제점 분석이 필요하다. 따라서 국가 수준 교육과정 개발 과정에서 총론 연구진은 교육과정 연구·개발에 참여한 경험을 상당수 연구 논문으로 발전시키고 있으며, 각론 개발에 참여한 연구진도 관심을 두고 연구를 진행하고 있다. 특히, 사회과에서는 지리와 일반사회에서 20여 년 전부터 교육과정 개발 경험에 대한 연구들이 발표되고 있다. 그러나 역사교육에서 교육과정 개발 논의에 대한 연구는 아직 생소한 분야이다. 역사교육 평가 연구의 성과를 분석한 연구에서 일반 교사의 경우 평가는 '전문가(또는 기관)가 할 일'이라는 인식이 강하며, 전문가의 경우도 정책 결정과 그에 따른 수행으로 여기고 개별 연구는 '별 소용없는 일'로 간주한 듯하다는 언급은 교육과정 개발 논의 연구에도 적용할 수 있다.[3] 따라서 〈동아시아사〉 교육과정 내용에 관한 현실적 문제 인식과 향후 해결 방향을 논의하기 위해서는 〈동아시아사〉 교육과정 개발 과정에 주목할 필요가 있으며, 교육과정 문서만으로 파악하기 어려운 연구진의 의사결정 과정을 검토함으로써 교육과정 개발의 실체를 파악하여, 향후 교육과정 질을 개선하는 데 밑거름이 될 수 있다.

이러한 기존 연구에 비추어 볼 때, 〈동아시아사〉 교육과정 신설부터 두 차례의 개발 논의를 검토하는 것은 다음과 같은 의미가 있다. 첫째, 역사과의 다양한 교육과정 중 하나의 사례로서 〈동아시아사〉 교육과정의 개발 논의를 살펴보면서, 교육과정 연구진의 고민과 문제 인식을 담았다. 〈동아시아사〉 교육과정을 구성하는 것과 관련하여 어떠한 논의가 있었고, 그 논의가 어떻게 진행되고 결정되었는지를 명료하게 파악하고 바람직하였는가에 대한 평가는 앞으로 〈동아시아사〉의 문제의식을 살리면서 새롭게 등장한 〈동아시아 역사 기행〉이 학교 현장에 성공적으로 안착하기 위한 중요한 과제이기 때문이다.

둘째, 〈동아시아사〉 교육과정에 관한 기존 연구들이 교육과정 문서를 분석하는 연구방식으로 진행하였다면, 이 책에서는 〈동아시아사〉 교육과정에 참여한 연구진과의 심층 면담을 기반으로 교육과정을 검토하여 개발 논의 과정을 상세히 파악하였다. 〈동아시아사〉 교육과정 개발 논의가 구체적으로 어떠하였는지는 개발 과정에 직접 참여한 연구진 외에는 알기 어렵다. 따라서 이 책에서는 〈동아시아사〉 교육과정 개발에 직접 참여한 연구진을 심층 면담하여 교육과정 개발 실제 과정을 상세히 파악, '체계적이고 공식적인 기록물'로 제시하였다.

이를 통해 이 책에서 남긴 〈동아시아사〉 교육과정 기록과, 교육과정 분석 및 시사점 등이 직접적으로는 차기 교육과정 개발에 도움이 되고, 간접적으로는 교육과정 개발 기록에 대한 관심 및 연구로 연결되길 기대한다.

제1장

〈동아시아사〉의 등장

1. 〈동아시아사〉는 정말 '크리스마스의 선물'일까?

〈동아시아사〉 신설의 공식적 발표는 2006년 12월 26일 사회과 교육과정 개정안 토론회 자리였다. 이러한 이유로 역사과에 주는 교육인적자원부의 '크리스마스의 선물'이라는 표현도 등장하였다. 〈동아시아사〉가 '정책과목'이라는 것이다. 그렇다면 〈동아시아사〉는 정말 산타(교육인적자원부)가 주는 '크리스마스의 선물'이었을까? 이에 대한 대답은 〈동아시아사〉가 신설된 2007 개정 교육과정 개발 이전의 학계 및 사회적 상황에 대한 이해가 필요하다.

해방 이후 한국의 역사교육은 역사교육계와 역사학계의 노력과 정치 · 사회적 관심 및 영향력이라는 두 조건이 상호작용을 하며 전개되었다. 학계의 노력이 기초와 중심을 이루고, 정치 · 사회적 관심이 역사교육계와 역사학계에 긍정적으로 작용하는 것이 이상적이지만, 실제 현실에서는 그렇지 못하였다. 그런데도 이 두 조건이 비교적 조화를 이룸으로써 역사교육사의 분기점이 된 것은 2007 개정 교육과정이었다.[1]

2007 개정 교육과정에서 역사 과목은 교과 독립을 이루지는 못하였지만, 사

회과 내에서 과목을 독립하였다. 따라서 사회과 안에 고립되어 있던 기형적인 세계사를 국사와 연계하여야 한다는 제안이 수용되면서 국사와 세계사가 통합한 〈역사〉라는 과목이 신설되었다. 역사교과서 전체를 검정제로 발행하는 것도 결정되었으며, 이러한 개정 결과 그동안 역사교육에서 지적되어 온 많은 문제점을 해결할 수 있었다. 2007 개정 역사과 교육과정의 또다른 특징은 고등학교 선택과목으로 〈동아시아사〉가 신설되었다는 것이다. 〈동아시아사〉 신설 배경에는 몇 가지 요인이 있지만, 주로 언급되는 것은 중국의 동북공정과 고조선사 및 고구려사 왜곡, 일본의 역사 교과서 왜곡, 독도 영유권 주장 같은 주변국의 '역사 왜곡'이다. 〈동아시아사〉 신설 배경을 규명한 연구들은 주변국의 '역사 왜곡' 속에서 정부가 주도한 '정책 과목'으로 설명하는 것이 대부분이다. 이러한 연구와 다르게 〈동아시아사〉 신설 배경을 '학계' 내부의 노력에서 찾은 연구도 있지만, 〈동아시아사〉 신설 배경과 경과를 분석한 부분에서 짧게 언급하거나 '학계'의 노력에만 초점을 맞추어 서술하고 있다. 그러나 〈동아시아사〉 신설 배경은 다양한 측면을 고려하여 4가지로 정리할 수 있다.

첫째, 〈동아시아사〉 신설의 가장 중요한 동기는 역사학과 역사교육 내부의 주체적 노력이었다. 1990년대 이후 세계사 교육은 매우 어려운 상황에 처하였다. 7차 교육과정에서 중학교 〈세계사〉는 일반사회나 지리 전공자가 가르치는 경우가 많았고, 고등학교 〈세계사〉의 경우 선택과목으로 〈한국 근·현대사〉에 밀려 채택되지 않는 경우가 많았다. 결국 비전공 교사에 의해 지도되는 중학교 세계사 수업이 마지막 세계사 학습이 되는 현실은 세계사 교육의 위기감을 높였다.[2] 그러나 세계사 교육의 위축이 사회과 통합과 같은 외부 문제뿐 아니라 한국사 중심의 역사교육 때문이라고 보는 시각도 적지 않았다. 국사 교과서가 지나치게 민족주의 관점에 경도되어 이웃나라 또는 세계사와 소통을 차단하고

자기완결적인 폐쇄적 역사상을 당연시하게 만든다는 것이다.[3] 국사와 세계사라는 이분법적 분리 담론도 세계사 교육 약화의 하나의 요인으로 지적되기도 하였다. 세계사가 언제나 우리 민족 이외 여분의 역사로 간주되었고, 이같은 역사담론 속에서 세계사는 우리가 없는 세계의 역사로서 근본적으로 우리가 공유하거나 공감할 수 없는 시공간으로 전락하였다는 것이다.[4]

『세계사』가 구현한 유럽중심주의에 대한 비판과 대안 모색도 지속적으로 학계에서 시도되었다. 유럽중심주의 극복은 세계사 교육의 오랜 화두로 초기 교육과정에서는 아시아사 확대로 그 방법을 모색하였다. 5차 교육과정에 이르러서는 '지역권적 접근법'이 제시되었는데, 유럽중심적인 관점에서 벗어나 인류의 다양한 경험을 다원적 관점에서 구성할 방법으로 '문명권적', '지역권적' 접근법을 제시한 것이다.[5] 1990년대 이후에는 '글로벌 역사'라는 개념이 도입되는 등 다양한 시도가 있었다. 또한, 7차 교육과정에서는 유럽중심주의를 극복하기 위하여 '아시아' 역사의 독특한 발전 경로를 반영하여 '중세'와 '근대' 사이에 '근세' 부분을 '유럽사'와 별도로 설정하기도 하였다.[6] 2000년대 역사교육계와 역사학계 내부에서는 '지역사로의 동아시아사'가 검토되기 시작하였다. 기존 자국사와 세계사는 국민 국가를 역사의 도달점으로 파악하여, 국민 국가와 식민제국의 침략성과 억압성을 당연시하는 역사 인식을 내면화했다. '지역사로의 동아시아사'는 이러한 기존의 역사 인식체계에 맞서 싸우고 성찰하는 사고의 실험실로 등장한 것이다.[7]

이러한 논의와 고민을 바탕으로 역사교육계와 역사학계에서는 역사과 교과 독립과 〈역사〉의 방향을 설정하기 위한 논의가 전개되었다. 세계사와 한국사 영역을 균형 있게 가르쳐야 하며, 〈역사〉를 통해 세계사적 보편성과 한국사의 특수성을 조화시킬 수 있다는 의견이 설득력을 얻기 시작하였다.[8] 2007 개정 교육과정 개발 초기에 기존 세계사 교육이 지역사적 인식에 기반을 둔 인과관계를 이해하는 데 취약했다는 점을 반성하면서, 전근대 시기의 한국사와 세계사를 통합하는 한 방안과[9] 중국과 일본의 역사 왜곡에 대항하는 방안으로[10] 〈동아시아사〉 개설이 제안되기도 하였다. 이러한 역사교육계와 역사학계 내부의 철저한 반성과 고민은 교육과정 개정과 '역사 왜곡'이라는 주변 상황과 맞물려 좀 더 반영되기 좋은 환경을 만들었다.

이러한 상황에서 2007 개정 교육과정의 역사과 교육과정 개발 작업이 시작되기 전 역사 교육과정의 방향을 놓고 학계 '내부'의 탐색이 있었다. 교육과정 개정 절차에 들어가 서둘러 이 문제를 검토하기보다는 충분한 시간을 가지고 미리 준비하자는 취지였다.[11] 7차 교육과정이 학교 현장에 적용된 직후, 〈세계화 시대의 한국 역사교육의 방향과 과제〉라는 이름으로 진행된 연구과제가 그 것이다. 이 연구과제에서는 여러 역사교육 및 역사학 관련 학회에서 추천한 사람들로 연구진을 구성하였으며, 연구진은 역사 교육과정에 대하여 서로의 의견을 나누었다. 연구진은 중·고등학교 역사 교육과정을 검토하고 나아갈 방향에 대한 자신의 견해를 제시하여 중·고등학교 역사교육에 대한 역사교육계와 역사학계의 생각을 어느 정도 엿볼 수 있는 자리였다.[*] 이 연구과제에서 진행된 역사 교육과정에 관한 논의 내용으로 〈동아시아사〉가 제안된 것은 아니었지만,

---

[*] 연구결과보고서에 따르면 과목편제의 합리성의 문제로 역사의식/교육의 문제로 속박되어 있으므로 역사과 독립을 가장 중요한 원칙으로 하고 있지만, 무조건 시수를 확대하여 사회과 다른 영역의 가치와 그것이 처한 상황을 무시하는 것은 아님을 언급하고 있다. 이러한 전제하에 중학교 1, 2학년은 한국사(주당 2시간), 3학년은 세계사(주당 2시간)로 구성하고 고등학교 1학년은 한국사(3)+세계사(3)(6단위)로 구성하되 근현대사 비중을 강화해야 한다고 주장하였다. 선택과목은 (가칭)한국문화사, (가칭)세계사 및 한국전근대사 과목 등을 비롯하여 4~8단위 과목 5~6개를 신설해야 한다고 주장하였다(양호환 외, 『(2003-042-A00001) 세계화시대의 한국 역사교육의 방향과 과제』, 한국학술진흥재단, 2004, 국문 초록.).

연구과제의 결과가 역사 교육과정의 개발에 영향을 미쳤을 것으로 생각된다.[12] 이처럼 〈동아시아사〉 교육과정 신설은 세계사 교육에 대한 고민과 이것을 해결하기 위한 학계의 주체적 노력이 있었기에 가능했다.

둘째, 민간 차원의 활동 또한 〈동아시아사〉 신설의 주요한 배경이었다. 일본의 '새로운 역사 교과서를 만드는 모임'에서 집필한 교과서(이하 후소샤[扶桑社] 교과서)가 역사 왜곡 서술을 하여 역사 교과서 파동이 발생하던 시기, 한국에서는 일본 교과서 문제를 전담하는 시민단체(일본교과서 바로잡기 운동 본부, 2003년 아시아평화와 역사교육연대로 변경)가 활발히 활동하고 있었다. 이는 국가 간 갈등의 해결 지향점이 자국 중심의 민족주의적 관점에서 평화와 공존이라는 보편적 가치로 확장되고 있음을 알 수 있다.[13]

특히, 아시아평화와 역사교육연대에서 활발히 활동하던 학자 중 일부는 〈동아시아사〉 교육과정 개발에 주도적 역할을 하였다. 〈동아시아사〉 교육과정 연구 책임자였던 안병우는 '일본교과서 바로잡기 운동 본부' 교과서 위원장이었다. 또한, 아시아평화와 역사교육연대에서 주도적으로 편찬한 한·중·일 역사 공동 교재인 『미래를 여는 역사』에 참여하였던 김정인, 박중현, 이인석, 하종문 역시 〈동아시아사〉 교육과정 개발에 참여하였으며, 김정인과 김승렬은 아시아평화와 역사연구소에서 출판하는 다양한 저서의 저자로 참여하면서 교류하였다. 한·중·일 역사 공동 교재인 『미래를 여는 역사』는 역사학적 차원에서 동아시아 3국의 바람직한 '공존과 화해 모델'을 창출시키려는 노력의 결과였다. 『미래를 여는 역사』는 동아시아 3국의 국가주의적 역사 인식을 교정하는 데 도움이 되었으며, 역사 인식이나 학자 간 이견(異見)을 넘어 서로 합의된 역사서를 출판한 경험은 〈동아시아사〉 신설에 밑바탕이 되었다.

'일본교과서 바로잡기 운동 본부'가 활동하던 시기, 국가에서 운영한 단체

중 주목해야 하는 위원회는 한·일 역사공동연구위원회(2002년 출범)다. 일본에서 역사 왜곡이 일어나고, 후소샤 교과서가 통과되면서 한국 정부는 일본 정부에 강력히 항의하였다. 이에 김대중 대통령과 고이즈미 준이치로[小泉純一郎] 총리가 한·일 간 민간 기구를 통한 역사연구로 문제를 해결할 것에 합의하였고, 이것이 한·일 역사공동연구위원회 출범으로 이어졌다. 한·일 역사공동연구위원회에서 한국 측은 연구 결과물을 교과서에 반영할 것을 주장하였으나 일본은 난색을 표했다. 그러나 이 결과물은 한·일관계사 입장에서 과거사를 주요 의제로 다루었다는 점에서 의미 있는 변화였다고 평가받았다.[14]

2005년 일본 역사 왜곡 교과서 파동을 또다시 겪으면서 노무현 정부는 '범정부대책반'을 구성하고 교육인적자원부 실무지원팀을 꾸렸다. 노무현 정부는 일본 문부과학성의 교과서 검정 결과가 나오기 전까지는 역사 교과서의 왜곡 내용 시정에 주력하고, 그 후에는 한·일 양국 민간단체 및 국제사회와 긴밀히 협력해 왜곡 교과서의 채택 및 확산을 저지하기로 결의하였다. 2005년 일본의 민간단체들은 대규모 집회를 열고 '후소샤 채택률 제로 운동' 착수를 선언하며 각종 집회와 강연회를 열어 반대 여론을 확산시켰다. 그 결과 일본 역사 왜곡 교과서인 후소샤 교과서의 채택률을 현저하게 낮추는 성과를 얻었다. 이렇듯 이 시기는 한·일 민간 차원의 연대 활동과 국가 차원의 역사 대화가 이루어진 시기라고 할 수 있으며, 이것이 〈동아시아사〉 신설에 토대가 될 수 있었다.

셋째, 당시 동아시아 지역에서 한국이 표방한 정치적 입장 역시 〈동아시아사〉 신설 목적과 맥락을 같이할 수 있다. 당시 동북아 평화 번영 및 지역협력 구축에 있어서 한국은 적극적이고 능동적인 역할과 함께, '동북아 균형자'라는 개념으로 구체화되었다. 특히, 당시 노무현 정부는 '평화와 번영의 동북아시아 시대 구상'을 통해 동북아시아를 단위로 한 지역주의 프로젝트를 정부의 핵심과제 중 하나로 추진하였다.[15] 당시 정부의 정책 구상은 동북아시아를 중심으로 '평화와 번영의 공동체'로 발전해 나가야 하며 그 선도적 역할을 한국이 하겠다는 것이었다. 다만, 현재의 동북아시아 질서는 여전히 불안정하고 불투명하기에 이 지역에서 장기간 지속되어 온 갈등을 화해로, 대립을 협력으로 전환하는 모멘텀이 필요하다고 판단하였다. 한국은 이를 위한 적극적이고 역동적인 행위자로서, 그리고 국가 간 조화를 추구하고 평화번영을 촉진하는 주체로서 역할을 해야 하며, 이것이 노무현 정부가 생각한 한국의 역할 곧 '동북아 균형자'라고 설명하였다.[16] 결국, 평화와 공존을 추구하는 동아시아 공동체 담론이 활성화되었고, 그 공통 기반으로 역사가 고려될 수 있었다. 2007 개정 〈동아시아사〉 교육과정 과목 성격에 "(동아시아) 지역에 대한 이해를 증진하고, 나아가 지역의 공동 발전과 평화를 추구하는 안목과 자세를 기르기 위해 개설된 선택과목이다."라고 한 점에서 잘 나타난다.[17]

넷째, 일본과 중국에서 역사 왜곡이 일어나던 시기에 언론의 여론 형성도 〈동아시아사〉 신설 명분에 도움을 주었다. 그러나 앞서 살펴본 것과 같이 정부의 정책, 학계의 입장은 언론의 동아시아사 갈등 해결 방법과 미세한 차이가 있다. 주변국의 '역사 왜곡'이 일어나게 된 원인을 국사교육 약화에서 찾은 언론은 주변국의 '역사 왜곡'을 극복하기 위해 '국사교육'을 강화하여야 한다고 주장하였다.[18] 이 시기 언론은 '역사교육 강화'와 '국사교육 강화'를 동일한 의미로 사용하였다. 많은 기사와 사설들이 이 두 단어를 동일한 의미로 사용한 것이다. 언론과 정부의 생각, 학계의 입장이 미묘한 차이가 있음에도 불구하고, 언론의 국사교육 강화 기사와 사설은 '역사교육 강화방안'에 유리한 여론을 형성하였다.

국회에서 결의한 '국사교육 강화방안'은 여론을 반영하였다.* 결의안에는 '역사 왜곡'해결 방안으로 국사 과목을 통해 국민정체성 교육을 강화해야 한다는 내용을 담고 있었다. 국회는 국사 과목을 독립교과 및 필수과목으로 편제하고, 투철한 국가관을 정립하기 위하여 행정·사법·외무고시 등 국가고시에서 국사를 필수과목으로 만들어야 한다는 내용의 결의안을 채택하였다.[19] 이것은 앞서 언급한 역사교육계와 역사학계가 교과 독립을 주장한 점에서는 공통점이 있지만, 국가고시에서의 필수를 요구했던 것은 아니라는 점에서 차이가 있다. 그러나 이러한 차이에도 불구하고 여론을 반영한 국회의 결의안은 〈동아시아사〉 신설에 도움이 되었다.

이처럼 〈동아시아사〉는 교육인적자원부의 '크리스마스의 선물'이라기보다는 학계의 주체적 노력을 바탕으로 한·일 양국의 민간차원 활동 및 연구, 정부의 '동북아 균형자'라는 정치적 입장과 '역사교육 강화방안(2006)'이 발표될 수 있도록 언론의 여론 형성이 복합적으로 작용하여 신설되었다.

2. 역사과의 일방적·압도적 승리, 〈동아시아사〉 신설 과정

위와 같은 〈동아시아사〉 신설 배경 속에서 2007 개정 교육과정 개정 기초연구부터 고시될 때까지 주요 일정을 살펴보면 〈표 Ⅰ-1〉과 같다.

---

* 국사편찬위원회는 26일 오후 과천시 중앙동 국사편찬위 대강당에서 마련한 '역사교육 발전 종합방안 수립을 위한 토론회'에서 "성인남녀 1천 명을 대상으로 한 전화 여론조사 결과 90.3%가 역사교육 강화를 지지하고, 상당수가 역사과목 분리(88.7%), 고시를 포함한 모든 공무원 시험에 국사과목 확대(78.7%) 등에 찬성했다"고 밝혔다(편집부, 「국사편찬위 "국민 90%가 역사교육 강화지지"」, 『연합뉴스』, 2006년 10월 26일.).

〈표 I -1〉 2007 개정 교육과정 개정 일정

교육과정 개정 기초 연구 류재택 외, 『(CRC 2004-4-5) 사회과 교육과정 실태 분석 및 개선 방향 연구』, 한국교육과정평가원, 2004.	2004. 6. ~ 12.

↓

교육과정 개정 시안 개발 연구 김정호 외, 『(CRC 2005-9) 사회과 교육과정 개정(시안) 연구 개발』, 한국교육과정평가원, 2005.	2005. 4. ~ 12.

역사교육 강화방안(2005)	2005. 5. 6.

사회과 교육과정 개정 시안 연구 공청회	2005. 12. 16.

↓

교육과정 개정 시안 적합성 검토 기준 개발 · 심의 · 확정	2006. 1. ~ 3.

↓

교육과정 개정 시안 현장 적합성 검토		
- 초 · 중 · 고등학교 3,760개교 - 교과연구회	- 학생/학부모/국민 - 사회 인사 　(정치, 경제, 사회, 과학, 문화, 예술)	2006. 4. ~ 5.

↓

현장 적합성 검토 결과 종합 및 분석	2006. 6.

고등학교 사회과 선택 중심 교육과정 개발 연구 진재관 외, 『(RRC 2006-5) 고등학교 사회과 선택 중심 교육과정 개선 방안 연구』, 한국교육과정평가원, 2006.	2006. 6. ~ 12.

↓

현장 적합성 검토 결과 타당성 검토 및 반영 내용 확정	2006. 7.

↓

교육과정 개정 시안 수정 · 보완 · 검토	2006. 8. ~ 9.

↓

교육과정 개정안 공청회	2006. 10.

역사교육 강화방안(2006)	2006. 11. 23.

사회과 교육과정 개정안 토론회(〈동아시아사〉 신설 발표)	2006. 12. 26.

↓	
교육과정 개정안 수정 · 보완 · 확정	2007. 1.
↓	
교육과정 개정안 고시	2007. 2.

〈표 Ⅰ-1〉에서 주목해야 할 것은 2005년 5월과 2006년 11월에 발표된 '역사교육 강화방안'이다. 노무현 정부는 당시 사회적 요구에 따라 총리실 산하에 국사교육발전위원회를 설치하였고, 위원회는 각계 요구를 수렴하여 국사교육발전방안을 교육인적자원부에 제출하였다. 이것을 바탕으로 2005년 5월 6일 교육부총리가 기자 회견에서 '역사교육 강화방안(2005)'을 발표하였다. '역사교육 강화방안(2005)'에서는 중국의 고조선·고구려사 왜곡 및 일본의 역사 교과서 왜곡 등에 장기적 대응을 위하여 역사교육 강화가 필요하다고 설명하였다. 또한, 세계화 및 동북아시아 시대에 능동적으로 대처하기 위해서는 타민족 및 타국가의 역사와 문화에 대한 이해가 필요하기 때문에, 한국 근현대사 교육 강화와 역사를 '과목'으로 독립 운영하는 방안을 추진한다고 발표하였다.

그러나 이것은 역사교육학계와 역사학계가 원하는 방안은 아니었다. 2005년 5월 '역사교육 강화방안(2005)'이 발표되었음에도 학회, 연구진, 교사 등을 중심으로 서명운동 및 성명서 발표가 이어졌다. 성명서에서는 역사교육이 파행된 원인은 전공자가 아닌 교사가 학생들을 가르치기 때문이라고 비판하며, 전공자에게 역사를 배울 수 있는 환경을 조성하기 위해서는 역사의 '과목' 독립이 아닌 '교과' 독립을 주장하였다.[20] 또한 사회교과 가운데 역사과목의 선택과목 수가 다른 과목에 비해 적은 것(일반사회 4과목, 지리영역 3과목, 역사영역 2과목)도 문제로 지적하여 심화선택과목의 조정 필요성도 강조하였다.[21]

이러한 상황 속에서 교육과정의 개발 작업은 진행되었다. 2005년 9월 사회과 교육과정 개정(시안)연구 개발에 따르면 심화선택 과정은 9과목을 유지하기로 하였고, 역사영역은 〈한국 근·현대사〉가 변경된 〈한국 문화사〉와 〈세계사〉가 변경된 〈세계 문명사〉 2과목으로 제시되었다.* 그리고 각주에 당시 역사과 연구진에서 중국과 일본의 역사 왜곡에 대항하기 위하여 〈동아시아사〉 과목 신설의 필요성을 주장하였으나 각 영역의 여러 안이 상충되었기에 현행과 동일한 과목 수로 개발하기로 각 영역의 연구진이 합의하였다고 서술하였다.[22] 이때 역사 왜곡 대응 방안으로서의 〈동아시아사〉는 역사과 연구진 사이에서는 가시화되고 있었다.

2005년 9월 30일 사회과 교육과정 개정 제6차 공동연구진 회의록에 따르면 "(시수) 원칙은 현행교육과정의 내용을 준용한다는 것이 원칙입니다. 새롭게 구성하는 것이 아니라 있는 것에 따라 내용만 변경했다는 것이고 다른 것은 변한 것은 없습니다."[23]라고 다시 한 번 총론의 입장을 확인시켰지만, 2005년 12월 사회과 교육과정 개정 시안 연구 공청회에서 사회과 선택과목 조정 대안으로 〈표 I -2〉와 같이 제시되었다. 역사 영역에 〈한국문화사〉, 〈동양문화사〉, 〈서양문화사〉로 선택과목 수를 3개로 증가시킨 것이다. 비록 향후 과목명은 재조정할 수 있다는 언급은 있었지만 역사 영역 선택과목이 추가될 수 있는 여지를 두었다.

---

* 역사가 과목 독립을 하면서 중학교에서 전근대사를 중심으로 다루고, 고등학교에서는 근·현대사를 중심으로 구성함으로써 이전 선택과목이었던 〈한국 근·현대사〉의 내용이 국민 공통 기본 교육과정으로 이동하게 되면서 〈한국 근·현대사〉 대신 새로운 선택과목으로 〈한국 문화사〉가 신설되었다(진재관 외, 『(RRC 2006-6) 고등학교 사회과 선택 중심 교육과정 개선 방안 연구』, 한국교육과정평가원, 2006, pp.43~44.).

〈표 I -2〉 사회과 선택 과목 조정 대안

구분	현행	개정	비고
일반선택	- 인간사회와 환경	- 폐지	- 범교과 통일
지리영역	- 한국지리 - 세계지리 - 경제지리	- 한국지리 - 세계지리 또는 여행지리 - 환경지리	- 이수단위(6단위)
역사영역	- 한국근현대사 - 세계사	**- 한국문화사 - 동양문화사 - 서양문화사**	- 한국 근현대사 → 고1에 포함 - 이수단위(6단위)
일반사회영역	- 정치 - 경제 - 사회문화 - 법과 사회	- 유지	- 이수단위(6단위)

※ 김정호 외, 『(ORM 2005-58) 사회과 교육과정 개정 시안 연구 공청회』, 한국교육과정평가원, 2005.

사회과 교육과정 개정 시안 연구가 진행되던 시기, 사회과 교육과정의 회의록을 살펴보면, 논의의 주제가 선택과목 수보다는 역사과 독립에 대한 반발과 그에 따른 시수에 논의의 초점이 맞춰져 있다. '역사교육 강화방안(2005)'에서 역사 과목 독립이 추진된다는 것이 발표되었고, 지리 역시 다양한 방법으로 독립을 요구하고 있는 시기였으므로, 사회과 교육과정 논의는 시수에 대한 무한 반복으로 이어질 수밖에 없었다. 그러므로 공청회에서 역사 영역 선택과목은 3과목 시안을 대체적으로 수용되는 분위기였고, 토론에서 과목 세분화가 과연 학생의 교육적 성장과 지식 습득에 효율적인가를 학문의 논리와 교육의 논리를 통해 검토가 필요하다는 정도였다.

사회과 선택과목 수는 2006년 본격적으로 논의되기 시작하였다. 2006년 2월 28일 서울 역사박물관 시청각실에서 열린 〈고등학교 사회과 선택 교육과정 개선 방안 연구 세미나〉에서는 기존 9과목을 유지하는 것으로 발표되었다.[24] 연구 책임자였던 진재관 연구위원은 선택과목에 대한 수는 교육부, 총론과 사회과의 타협이 되지 않았으므로 9과목을 유지하는 것은 기초 연구 차원에서 연구하는 것이며, 연구진 차원에서 결정하기 어렵다고 주장하였다. 이에 교육인적자원부 담당자로 참석하였던 조철수 교육연구관은 "어떤 것도 확정적이지 않으며 총론과 의사소통"이 되어야 한다고 하였다.[25] 그러므로 2006년 2월 28일까지도 선택과목 수는 확정되지 않은 채 역사과는 〈한국 문화사〉와 〈세계 문명사〉가 각각 6단위로 기초 연구가 진행되었다.

그러나 분위기는 2006년 11월 발표된 '역사교육 강화방안(2006)'으로 반전되었다. 교육과정 편제상으로 사회과라는 교과 틀은 유지하였지만, 그 안에서 역사는 과목 독립을 하게 된 것이다. 물론 학계에서 요구하던 교과 독립은 아니었지만, 고등학교 역사 시수 역시 주당 2시간에서 3시간으로 확대되었으며, 고등학교 선택과목에 〈동아시아사〉가 신설된 것은 이전 '역사교육 강화방안(2005)'과 비교해 보면, 역사과가 강화된 것은 사실이었다. 2007 개정 교육과정에서 학습자 부담을 늘리지 않기 위해 고등학교 선택과목 숫자를 7차 교육과정과 같게 한다는 '원칙'을 고려할 때 〈동아시아사〉 신설은 분명 커다란 변화였다.

'역사교육 강화방안(2006)'에 따라 급히 〈동아시아사〉 교육과정 연구진이 구성되었고, 개발 회의가 진행되었다. 공식적 발표는 2006년 12월 26일 사회과 교육과정 개정안 토론회 자리였지만, 이미 〈동아시아사〉 교육과정은 연구진이 구성되어 회의까지 진행된 상황이었으므로, 교육인적자원부의 일방적인 통고 자리였다.* 이는 '역사교육 강화방안(2006)'을 통해 이미 확정되었음에도 불

---

* 교육과정 시안 개발 회의록에 따르면 1차 회의는 2006년 12월 22일 한일 역사 공동위원회 회의실에서 동아시아사 교육과정 시안 개발 목적과 과정 소개와, '동아시아사(가칭)'를 어떤 기준으로 기술할 것인가에 대한 개인별 입장토론이 진행되었다(안병우 외, 「동아시아 교육과정 시안 개발

구하고 발표 시기를 조절한 것으로 보인다. 따라서 지리 영역과 일반사회 영역에서 회고하기를 '역사 영역의 일방적·압도적 승리'였다는 평가는 일면 타당해 보인다. 지리도 교과 독립을 요구하였지만, 역사만 과목을 독립하였으며, 고등학교 1학년 〈역사〉의 시수도 증가하였고, 〈동아시아사〉가 선택과목으로 추가 신설되었기 때문이다. 이렇게 등장한 〈동아시아사〉 신설에 관여한 교육인적자원부 관계자는 다음과 같이 회고하였다.

> 〈동아시아사〉는 7차 교육과정과 달리 2007 개정 교육과정은 총론과 각론이 동시 개발되었기 때문에 선택과목이 추가될 수 있었던 것도 있었습니다. 정치적 판단일 수는 있지만 일본과 중국의 영향이 강하게 작용한 것은 사실입니다. 〈동아시아사〉의 정신은 2001년 유네스코 원칙에서 이어졌습니다. 이에 독일과 프랑스가 공동교과서를 출판하였는데, 교과서라고 하기에는 좀…… 그렇기 때문에 우리는 그 유럽식 공동교과서를 모델로 하면서 한 걸음 더 나간 모형을 생각했던 것입니다. 다만, 처음 〈동아시아사〉를 구상했던 형태는 현장의 요구를 반영하여 학습 부담을 최대한 줄인 철저한 주제사를 생각했습니다. 아이들이 중학교와 고등학교에서 통사체제로 학습한 후 배우는 선택과목이므로 반복에 대한 비판과 학습자의 학습 부담감을 줄일 수 있다고 생각했습니다.
>
> – 심층 면담, 교육인적자원부 교육연구관

2007 개정 교육과정 개정 당시 사회과 내부에서는 계열성에 대한 해결방안으로 주제 중심 구성이 논의되었다. 중학교 급에서는 사회현상을 이해하는 데 핵심이 되는 개념을 중심으로 내용을 구성하고, 고등학교 급에서는 중학교 급

팀 회의록」, 『(2006년도 동북아역사재단 학술연구과제 연구결과보고서) 동아시아사 교육과정 시안 개발』, 동북아역사재단, 2006, p.105.).

의 학습을 토대로 사회현상에 관한 통합적 이해를 경험할 수 있도록 주제 중심의 완전 통합 내용을 구성한 것이다.[26]

이상에서 2007년 〈동아시아사〉가 신설된 배경과 과정을 시간 순서에 따라 살펴보았다. 2007 개정 교육과정 속에서 등장한 〈동아시아사〉는 역사교육계와 역사학계 내부의 철저한 반성과 고민을 기반으로, 중국·일본과의 역사적 갈등이라는 상황 속에서 신설되었다. 이 시기 민간 차원의 활동 및 연구들과 정부의 '동북아 균형자'라는 정치적 입장 역시 〈동아시아사〉 신설에 힘을 보탰으며, 언론 역시 '역사교육 강화방안'이 발표될 수 있는 여론을 형성하였다. 이러한 다각적 노력과 배경 속에서 등장한 〈동아시아사〉는 이제 교육과정 개발 연구진에게로 넘어가게 되었다.

제2장

새로운 시도,
2007 개정 〈동아시아사〉 교육과정

1. 2007 개정 〈동아시아사〉 교육과정 누가 만들었을까?

교육과정 개발 과정에는 누구나 자유롭게 참여하는 것은 아니다. 교육인적 자원부는 개발 업무를 수행할 수 있다고 판단되는 기관에 의뢰하는데, 2007 개정 교육과정에서 〈동아시아사〉를 제외한 사회과 교육과정은 한국교육과정평가 원이 연구진을 구성하여 개발하였고, 〈동아시아사〉 교육과정은 동북아역사재단에 의뢰하였다. 교육과정 개발을 의뢰받은 기관에서는 연구팀을 구성하여 개발했고, 그 결과를 받아서 교육인적자원부에 제출했는데, 그 과정에서 공청회를 개최하여 관련 학계와 현장 교사들의 의견을 수렴한다. 완성된 교육과정안은 사회과 교육과정심의회의 심의를 거쳐 장관이 고시한다.

참여자들의 구성 과정에서 개발 기관은 어떤 역할을 수행하였는가? 이에 대한 것은 "개발 기관이 동북아역사재단이 아닌 다른 기관이었으면 교육과정 연구진이 달라졌을까?"하는 질문을 함으로써 답할 수 있다. 어떤 개발 기관을 선정하느냐에 따라 개발 절차, 연구진 구성 등이 달라지며 그 결과물이 달라질 수 있다. 그러므로 개발 기관과 연구진을 검토하는 것은 매우 중요하다.

당시 개발 기관이었던 동북아역사재단은 2004년 세워진 고구려연구재단을 계승한 기관이다. 동북아역사재단은 동북아와 세계 전체를 불행하게 만들었던 잘못된 역사관과 그로 인해 야기된 문제점을 직시, 장기적 종합적 연구 분석과 체계적·전략적 정책 개발을 수행함으로써 올바른 역사이해를 도모, 동북아의 평화와 번영의 기반 마련을 설립 취지로 하고 있다. 이러한 설립 취지로 인하여 개발 기관으로 선정된 것으로 보인다. 그러나 〈동아시아사〉 교육과정 개발 연구진 인선 과정에서 개발 기관인 동북아역사재단이 행사한 역할은 제한적이라고 볼 수 있다. 이점은 당시 교육인적자원부 관계자와 교육과정에 참여하였던 연구진이 모두 일관되게 회고하였다.

> 〈동아시아사〉라는 과목상 당시 설립된 동북아역사재단을 활용하는 것이 맞다는 판단이었죠. 동북아역사재단이 2006년에 설립되었고, 그 주된 역할이 동북아 역사 문제 극복이었으니까요. 그러나 연구진은 교육부에서 직접 챙겼다고 봐야 합니다. 동북아역사재단은 주로 행정적인 일을 처리했습니다.
> 　　　　　　　　　　　　　　　　　　　　－ 심층 면담, 교육인적자원부 교육연구관

> 동북아역사재단은 주로 행정적인 일을 처리했고, 교육과정에 관해서는 전혀 간섭하지 않았습니다. 당시 〈동아시아사〉는 짧은 기간 내 교육과정이 개발되어야 하므로 동북아역사재단에서 연구비를 주는 프로젝트 형식으로, 개발 과정에 필요한 행정적 일을 주로 했다고 보면 됩니다.
> 　　　　　　　　　　　　　　　－ 심층 면담, 2007 개정 〈동아시아사〉 교육과정 연구자 A

그러므로 〈동아시아사〉 교육과정 개발 과정의 특징은 개발 기관이었던 동북아역사재단보다는 당시 〈동아시아사〉 교육과정 연구진의 개별적 특징을 살펴보는 것이 적절하다. 〈동아시아사〉 교육과정 개발에 참여하였던 연구진은

〈표 Ⅱ-1〉과 같다.

〈표 Ⅱ-1〉 2007 개정 〈동아시아사〉 교육과정 연구진

성명	소속	전공	비고
안병우	한신대학교	한국사	'일본교과서 바로잡기 운동 본부' 교과서 위원장
김정인	춘천교육대학교	한국사	『미래를 여는 역사』 집필자
유용태	서울대학교	중국사	-
신성곤	한양대학교	중국사	-
박 훈	국민대학교	일본사	-
하종문	한신대학교	일본사	『미래를 여는 역사』 집필자
김승렬	경상대학교	독일사	독일-폴란드 공동교재 번역
이인석	경기여자고등학교	역사교육	『미래를 여는 역사』 집필자 『한국 근·현대사』 금성출판사 집필자
박중현	양재고등학교	역사교육	『미래를 여는 역사』 집필자
정 연	영락고등학교	역사교육	-
박진동	한국교육과정평가원	역사교육	〈한국 문화사〉 교육과정 공동 연구원
신항수	한국교육과정평가원	한국사	〈세계 역사의 이해〉 교육과정 공동 연구원
임상선	동북아역사재단	한국사	-

〈표 Ⅱ-1〉에서 살펴본 바와 같이 연구진은 한국사, 중국사 전공자를 중심으로 교사 3명과 평가원 소속이 2명, 일본사 전공자 2명, 비교사적 지식 공유의 목적으로 독일사 전공자 1명으로 구성되어 있다. 7차 교육과정에서 〈세계사〉 교육과정에 일본사 전공자가 참여하지 않았던 것에 비하면, 일본사 전공자가 2명이나 참여하였다는 것은 눈여겨볼 부분이다. 독일사 전공자는 〈동아시아사〉가 유럽식 공동교과서 모델에서 시작된 것임을 고려할 때 공동교과서 번역에 참여 경험이 있으며, 유럽국가의 사례를 검토, 참고하기 위하여 연구진에 포함된 것으로 판단된다.

〈동아시아사〉 교육과정 연구진은 총 13명으로, 이는 7차 교육과정 연구진에 비해서 많은 인원이다. 7차 〈세계사〉 교육과정을 예로 들면 책임자 1명(정선영), 연구진 3명(김한종, 전인영, 조상제)으로 구성되었으며, 연구진 3명 중에 교육부 관계자(조상제)가 1명 포함되었다. 책임자와 연구진 1명의 전공이 역사교육임을 고려할 때 세계사 교육과정에서 일반사 전공자로는 중국사 전공자(전인영) 1명뿐이었다.* 또한, 2007 개정 교육과정 고등학교 사회과 선택과목의 연구진에 비교하여도 많은 인원이다. 먼저 개발된 일반사회의 경우 협력진 포함 8~9명으로 구성되었고, 지리의 경우 협력진 포함 11~12명으로 구성되었다. 역사과에서 이미 개발된 〈세계 역사의 이해〉와 〈한국 문화사〉의 경우 협력진을 포함하여 각각 9명과 11명이었는데, 이에 비해서도 많음을 알 수 있다. 협력진을 제외한다면 〈세계 역사의 이해〉의 경우 교육과정 연구진은 평가원 소속 2명을 포함하여 7명, 〈한국 문화사〉의 경우는 평가원 소속 2명을 포함하여 6명으로 구성되었다.[1] 결국, 〈동아시아사〉 교육과정은 단기간 내 개발해야 하는 상황에서 좀 더 많은 연구진 확보가 필요했기 때문에, 이전 교육과정이나 역사과의 다른 과목과 비교하여 좀 더 여유 있는 연구진 수가 확보될 수 있었다고 판단된다.

인적 구성은 앞서 언급한 바와 같이 교육인적자원부에서 주도적으로 구성하였으며, 접촉한 연구진이 교육인적자원부에 추천하기도 하였다.

> 교육부에서 가장 먼저 접촉한 사람은 나였던 것으로 기억합니다. 제가 다른 분들을 교육부에 추천하기도 하였습니다. 제가 교육부에 강하게 어필했던 것은

---

* 물론 협의진으로 6명이 별도 구성되었지만, 검토 2번에 그친 것으로 보아 이들의 역할은 제한적이었던 것으로 판단된다(한국교원대학교 사회과교육과정 개정 연구위원회, 『제7차 사회과 교육과정 개정시안 연구개발』, 한국교원대학교, 1997, p.497.).

짧은 기간 내 성과(교육과정)를 내야 하므로, 각 분야의 전공자이면서 역사교육의 마인드가 있는 사람들로 구성되어야 한다는 것입니다.
— 심층 면담, 2007 개정 〈동아시아사〉 교육과정 연구자 A

  2007 개정 〈동아시아사〉 교육과정에 참여한 연구진은 모두 교육과정 개발 경험 또는 평가, 교과서 편찬, 현직 교사 등 역사교육에 직접적인 경험이 있는 사람들로 구성된 것이 가장 큰 특징이라고 할 수 있다. 이러한 특징을 가진 연구진은 짧은 기간 내 〈동아시아사〉 교육과정 개발이라는 목표를 효율적으로 달성하기 위한 구성이었다. 앞의 내용을 토대로 〈동아시아사〉 교육과정에 참여한 연구진의 인적 구성은 다음과 같은 특징이 있다.

  첫째, 〈동아시아사〉 교육과정 연구진 중 일부는 공동 연구원과 협력진으로 교육과정에 참여했던 경험이 있다. 특히, 이미 개발된 〈한국 문화사〉와 〈세계 역사의 이해〉 교육과정에 참여하였던 박진동, 신항수 공동 연구원이 〈동아시아사〉 교육과정에 참여함으로써 2007 개정 교육과정 개발 전체와 연결고리 역할을 하였다. 박진동, 신항수 공동 연구원의 경우 한국교육과정평가원에서 재직 중인 교육과정 전문가들로 〈동아시아사〉 교육과정 개발에서 교수·학습 방법, 평가 부분을 책임짐으로써 소속기관에서의 경험도 중요한 역할을 하였다.

  둘째, 한·중·일 삼국의 공동교재로 편찬된 『미래를 여는 역사』에 참여하였던 연구진과 공동교재 편찬 경험에 직·간접적으로 관계가 있는 연구진이다. 당시 동아시아사에 대한 통사 형태의 개론서조차 존재하지 않은 상태에서 공동교재 편찬 경험은 중요할 수밖에 없었다.

  셋째, 다년간의 현장 경험이 있는 현장 교사들이다. 이인석, 박중현, 정연 이 세 사람은 수십 년간의 현장 경험뿐만 아니라 『미래를 여는 역사』, 『한국 근·현대사』 집필 등에 참여하였으며, 한일 관계사 또는 『세계사』 분석 등에 관한 학위도 있는 교사이자 연구자들이다. 이 세 사람을 연구진에 포함함으로써 〈동아시아사〉 교육과정에 학습자 입장을 대변할 수 있는 통로가 생겼으며, 실제로 이들은 교육과정을 개발하는 과정에서 분량, 성취 기준을 정하는 데 있어서도 중요한 역할을 하였다.

마지막으로 유용태는 이미 동아시아에 관한 많은 연구 성과가 있는 연구자였으며, 임상선은 동북아역사재단 소속 발해사 전공자로, '역사 왜곡' 특히, 동북공정 대응의 최일선에 있던 연구자로서 일본·중국 교과서의 발해사 연구를 하였다. 결국, 짧은 시간 내에 〈동아시아사〉 교육과정을 개발하기 위하여 다른 선택과목보다 많은 연구진을 섭외하였고, 그 안에서도 공동교재의 경험 및 교육과정 경험, 동아시아사 및 역사 왜곡에 대한 이해도가 높은 연구진을 섭외함으로써 밀도 있는 결과물을 내고자 했음을 알 수 있다. 이러한 구성은 짧은 개발 기간과 통사 체제의 개설서도 없는 상황에서 최선을 구성이었다고 평가할 수 있다.

2. 2007 개정 〈동아시아사〉 교육과정 어떻게 만들어졌을까?

1) 2007 개정 〈동아시아사〉 교육과정 단원 조직 논의

동아시아 교육과정 개발 과정은 2006년 12월 22일 첫 회의를 시작으로 2007년 1월 27일 공청회 및 마지막 회의까지 총 1회의 공청회와 5회의 개발 회의를 거쳤다. '역사교육 강화방안(2006)'이 발표된 지 두 달여 만에, 첫 회의를 시작한 지 한 달여 만에 시안이 발표되었다. 이는 2007 개정 교육과정 고등학교 사회과 선택과목인 〈한국 문화사〉 교육과정과 〈세계역사의 이해〉 교육과정의 개발 기간이 약 6개월(이미 개발되어 있던 〈한국 문화사〉와 〈세계 역사의 이해〉의 경우 2006년 6월 7일 역사과 선택과목명과 내용 범위 및 체계를 결정하는 첫 회의를 시작으로, 각각 6회의 과목별 회의와 4회의 역사과 합동회의를 거쳤다)이었던 것과 비교하여, 2007 개정 〈동아시아사〉 교육과정은 매우 짧은 기간 내에 개발되었음을 알 수 있다.

2007 개정 〈동아시아사〉 교육과정 연구진은 '연대기적 주제 중심 구조'로 내용조직 방식을 선택하였다. 앞서 언급한 바와 같이 교육인적자원부에서 구상한 2007 개정 〈동아시아사〉 교육과정은 '철저한 주제 중심 구성'이었다. 미국의 경우 역사를 대개 K-8, 9-12의 두 사이클을 거치는 반면, 한국의 경우 3-6, 7-9, 10, 11-12학년 등 네 사이클을 경험하게 구성되어 있다.[2] 그러므로 한국의 경우 내용 재조직의 필요성이 요구될 수밖에 없는 상황이었고, 특히 선택과목이었던 2007 개정 〈동아시아사〉 교육과정의 경우는 더욱 그러하였다. 앞서 교육인적자원부 교육연구관이 언급한 〈동아시아사〉 교육과정의 '주제 중심 구성' 구상은 이러한 맥락에서 출발한 것이었다. 단원 구성은 2차 회의부터 논의되었고, 2007 개정 〈동아시아사〉 교육과정 연구진은 '철저한 주제 중심' 구성과 '연대기적 주제 중심' 구성 중 '연대기적 주제 중심' 구성 형태를 선택하였다.

하나의 동아시아사라고 시대를 무시하고 주제를 잡아서 하는 것은 아직 고등학교 수준의 학생들에게 하는 것은 아직 고등학교 수준의 학생들에게 하는 것은 별로 적합한 방법이 아닌 것 같다. 그래서 크게 시대는 나누어 줄 필요가 있다.
— 회의록, 2007 개정 〈동아시아사〉 교육과정 연구자 B

주제별로 가면 연대기를 무시하게 되기 때문에 역사상 잡기 어려워 시대와 주제를 섞는 방향으로 한다. 항목은 대여섯 개 각 시대를 포착할 수 있는 주제

이렇게 '연대기적 주제 중심' 구성은 교과서에서 처음 시도되는 형태였으나, 공청회에서는 '연대기적 주제 중심' 구성보다는 '철저한 주제 중심 구성'으로 구성해야 한다는 의견이 개진되었다. '연대기적 주제 중심' 구성은 주제별 내용이 분산되어 정리가 쉽지 않으며, 국가별 역사적 경험이 시기별로 차이를 보이는 점을 어떻게 처리해야 할 것인가에 대한 문제점이 지적된 것이다.[3]

역사교육 내용 조직에서 주제 중심 구성은 주로 유럽지역 근·현대사 교과서에서 발견된다. 연대기적 역사교육 내용 조직은 사실 혹은 사건의 원인과 결과를 강조하므로 실제 현실 세계의 복잡성을 이해시키는 데 매우 부족하다. 현실 세계의 복잡성을 이해하기 위해서는 주제를 중심으로 시간과 공간에서 서로 일치하고 있는 현상 간의 상호관계를 파악할 수 있도록 해야 한다.[4] 이러한 이유로 주제 중심 구성은 근·현대사 중심의 역사교육에 적합하다. 근·현대사 교과서에서 주제 중심 구성을 하는 것이다. 그러므로 전근대부터 구성된 2007 개정 〈동아시아사〉 교육과정의 경우 '철저한 주제 중심'으로 구성된다는 것은

위 연구진의 언급처럼 어려운 문제였다. 그러나 '철저한 주제 중심' 구성이 아닌 '연대기적 주제 중심' 구성 형태라도 교과서 내용 조직에 있어 새로운 시도였다.

　단원 조직은 전체적으로 대단원 6개, 성취기준 26개로 비교적 적은 분량을 제시하였다. 2007 개정 〈동아시아사〉 교육과정 연구진은 학습자의 학습 부담을 최대한 줄이기 위하여 적절한 수준의 대단원과 성취기준 분량을 끊임없이 논의하였다. 역사과 다른 과목 대단원 수 및 성취기준과 비교해 보면(〈동아시아사〉와 주당 시수가 같은 고등학교 〈역사〉는 대단원 9개, 성취기준 51개, 〈한국문화사〉는 대단원 7개, 성취기준 45개, 〈세계 역사의 이해〉는 대단원 8개 성취기준 27개), 2007 개정 〈동아시아사〉 교육과정 분량이 적은 편임을 알 수 있다. 단원 조직은 2차, 3차 회의를 거쳐 결정되었으며, 공청회 이후 공청회 의견을 반영하여 수정되었다. 영역별 내용 요소와 성취기준은 각 전공과 시대별로 나누어 분담하되, 최종적인 결정은 전체 회의를 통해 이루어졌다.[*]

> 　개발 기간이 짧기 때문에 회의가 밀도 있게 진행되어야 했어요. 그래서 각국사 전공영역에 따라 나누어서 단원별 별도 회의나 의견 교환을 통해 단원별로 진행한 뒤 전체적으로 모여 결을 맞추는 작업 형태로 진행될 수밖에 없었죠.
> 　　　　　　　　　　　　 - 심층 면담, 2007 개정 〈동아시아사〉 교육과정 연구자 A

[*]

2007 개정 〈동아시아사〉 교육과정 단원별 분담 내역

단 원	성명 및 전공
성격과 목표	박진동(역사교육)
1, 2단원	임상선(한국사), 신성곤(중국사), 정 연(역사교육)
3, 4단원	안병우(한국사), 박 훈(일본사), 신항수(한국사)
5, 6단원	김정인(한국사), 하종문(일본사), 김승렬(독일사), 박중현(역사교육), 유용태(중국사)

* 안병우 외, 「동아시아사 교육과정 시안 개발팀 회의록」, 앞의 보고서, p.112.

대단원은 동아시아에서 의미 있는 시기를 기준으로 구분하되, 각각의 시기마다 특징적인 역사적 사실을 함축한 개념들로 대단원명을 제시하였다. 〈표 II-2〉에서 2007 개정 〈동아시아사〉 교육과정 단원 구성은 대단원 6개 중 고대 2개 단원 'I. 동아시아 역사의 시작, II. 인구 이동과 문화의 교류'와 중세 2개 단원 'III. 생산력의 발전과 지배층의 교체, IV. 국제질서의 변화와 독자적 전통의 형성'과 근·현대 2개 단원 'V. 국민 국가의 모색, VI. 오늘날의 동아시아'로 구성되었다.

〈표 II-2〉 2007 개정 〈동아시아사〉 교육과정 개발 과정에 따른 단원 조직 변화

2차 회의	3차 회의	시안	2007 개정 교육과정
I. 동아시아 문명과 초기 국가의 성립 (선사-기원 전후)	I. 동아시아 문명과 초기 국가의 성립 (선사-기원 전후)	I. 동아시아 역사의 시작 (선사-기원 전후)	I. 동아시아 역사의 시작 (선사-기원 전후)
II. 동아시아 세계의 형성과 파급 (기원 전후-10세기)	II. 동아시아 세계의 형성과 파급 (기원 전후-10세기)	II. 인구 이동과 문화의 교류 (기원 전후-10세기)	II. 인구 이동과 문화의 교류 (기원 전후-10세기)
III. 동아시아 세계의 다극화 (10-16세기)	III. 동아시아 세계의 다극화 (10-16세기)	III. 새로운 지배층의 등장 (10-16세기)	III. 생산력의 발전과 지배층의 교체 (10-16세기)
IV. 동아시아 교역망의 발달과 서구의 대두 (16-19세기)	IV. 동아시아 교역망의 발달과 서구의 대두 (16-19세기)	IV. 국제관계의 격변과 교역망의 발달 (16-19세기)	IV. 국제질서의 변화와 독자적 전통의 형성 (16-19세기)
V. 동아시아에서의 국민국가 모색 (19세기-1910년)	V. 동아시아에서의 국민국가 모색 (19세기-1945년)	V. 국민 국가의 모색 (19세기-1945년)	V. 국민 국가의 모색 (19세기-1945년)
VI. 현대 동아시아의 갈등과 과제 **(1910년대 이후)**	VI. 현대 동아시아의 갈등과 과제 **(1945년 이후)**	VI. 오늘날의 동아시아 (1945년 이후)	VI. 오늘날의 동아시아 (1945년 이후)

대단원 구성 논의는 2차 회의에서 3차 회의에서 주로 이루어졌으며, 6단원

을 구성하되 근·현대사 교육을 강화하기 위하여, 1-2단원을 통합하고 6단원을 둘로 나누는 방안과 5단원과 6단원의 분기점을 1945년으로 바꾸는 방안이 제시되었다.

> 학생들과 교사 입장에 볼 때 현대사는 1개 중심 대단원에 적어도 근·현대가 3단원 정도는 되어야 할 것 같다.
> — 회의록, 2007 개정 〈동아시아사〉 교육과정 연구자 C

연구진은 근·현대를 3단원으로 구성하고자 하였으나 내용 요소 구성에 대한 부담감으로 시기를 조절하는 방식을 선택하였다. 〈표 Ⅱ-2〉에서 알 수 있듯이 2차 회의에서 6단원의 시기를 1910년대 이후로 한 것에서, 3차 회의에서 1945년대 이후로 변경하였다.

> 논의 방안은 2가지였어요. 단원 수 조절과 시기 조절. (그런데) 근·현대 단원의 시기가 조절된 이유는 내용 요소 구성에 따른 부담감 때문이었어요. 근·현대 3단원 구성이 논의되었는데, 내용 요소 구성에 따른 부담감이 존재했어요. 결국, 그 비율은 그대로 두고 5·6 단원 시기를 변경하는 선에서 마무리를 했죠.
> — 심층 면담, 2007 개정 〈동아시아사〉 교육과정 연구자 A

1910년대에서 1945년대로의 시기 조정은 앞서 언급한 것과 같이 서구 근대 국가의 식민화 압력을 받은 동아시아 지역에서 일본만이 국민 국가 형성에 성공하였고 다른 국가들은 실패한 것을 단순하게 대비시키는 문제점을 어느 정도 보완하게 되었다. 그동안 제1차 세계대전 이전까지를 근대 국민국가의 형성기로 규정하면서, 일본은 '아시아에서 유일하게 성공적 근대화를 달성한 국가'라는 고정관념이 은연중에 형성되었으며, 이것은 근대 일본을 하나의 단일한 유기체처럼 인식하고 일본 내에 존재했던 다른 구상과 움직임에 대해 생각하지 못하게 하였다. 일본 정부의 폭압적 지배와 침략주의에 맞서 국제연대를 추구하는 움직임을 찾을 수 없으며, 비록 대외침략과 제국주의화라는 흐름을 되돌릴 수는 없었으나 '무정부주의'나 '비전운동'처럼 이의를 제기하는 일본 내부의 목소리도 묻혀왔다.[5] 그러므로 19세기 중반부터 1945년까지를 하나의 단위로 파악함으로써 그동안의 결과론적인 평가에 머물지 않고 그 사이에 존재하던 많은 선택지를 제시해 줌으로써, 현재에도 존재하는 국가적 · 지역적 갈등을 해결하는 혜안을 제공해 주었다.

3차 회의에서 시안으로 넘어가면서 대단원명이 대대적으로 변경되었다. 첫째, 과목명이 〈동아시아사〉이므로 반복적 표현을 생략하기 위해 대단원명에 모두 들어가 있던 '동아시아'를 일부 삭제 · 변경하였다. 둘째, 고등학생이 학습하는 것이므로 지나치게 일반화된 용어 표현보다는 다루고 있는 내용을 함축하는 명칭을 사용하는 것이 바람직하다는 지적에 따라 각 시대별 특징을 드러낼 수 있는 대표적 역사 사실을 중심으로 대단원이 수정되었다.

시안에서 제시된 대단원명은 공청회를 거치면서 다시 수정되었다. 공청회 과정에서 'Ⅲ. 새로운 지배층의 등장' 단원과, 'Ⅳ. 국제관계의 격변과 교역망의 발달' 단원명의 문제가 지적되었다. 새로운 지배층의 등장과 교역망의 발달은 어느 시대나 늘 있는 현상이므로 연구진이 추구한 각각의 시기마다 특징적인 역사적 사실을 함축한 개념들로 대단원명을 제시한다는 방향에 위배된다는 것이다.[6] 따라서 공청회 이후 연구진 회의를 거쳐 'Ⅲ. 생산력의 발전과 지배층의 교체', 'Ⅳ. 국제질서의 변화와 독자적 전통의 형성'으로 각각 수정되었다.

2) 2007 개정 〈동아시아사〉 교육과정 내용 논의

(1) 〈동아시아사〉의 서술 시각

〈동아시아사〉 교육과정 개발 과정에서 가장 핵심적인 논의는 동아시아사 서술 시각과 범주였다. 동아시아사에 관한 논의를 간단히 정리하면 다음과 같다. 사실 역사교육학계에서 동아시아사 과목의 연원을 찾아보면 교수요목기 중등 교과서 이웃나라의 역사였다. 교수요목에 따르면 『이웃나라의 역사』, 『먼 나라의 역사』는 『우리나라 역사』와의 상호 관련성에 유의해서 교수해야 한다[7]고 하였다. 이 시기 교과서는 검정제로 발간되었고, 교수요목이 강력하게 영향력을 미치던 시기가 아니었으므로, 각 교과서가 집필자별로 다소 차이점이 존재하나 이웃나라의 역사 교과서 학습의 의의를 대체로 "우리를 이해하기 위해서"라고 밝히고 있다.[8] 『이웃나라의 역사』 집필자는 중국 중심 서술에 관한 문제인식*을 갖고 있었던 것으로 파악되지만, 교수요목에서 지역별로 동북아 지역에 85% 그리고 그중에서 중국이 50%를 차지하고 있어, 교수요목에 준거하여 집필하였으므로 그들의 문제인식이 반영되지 못하였다.[9] 이처럼 지나친 중국 중심의 서술을 극복하고자 했던 문제인식은 일본 제국대학에서 형성된 역사학 구분과 체계의 일부인 동양사학의 영향에 대한 반성이었고, 해방 후 1세대 동양사 학자들은 중국 중심주의를 식민사학의 일환으로 파악하고 극복하려 했다.[10]

그러나 『이웃나라의 역사』가 1차 교육과정에서 세계사 교육 속으로 흡수되

---

* "사실 이때까지 우리는 너무나 지나치게 중국 문화 숭배에 사로잡혀 왔고, 또 아시아의 역사를 한 민족 중심으로만 살펴왔다. 그러나 아무리 중국 문화가 위대하다 할지라도 그것은 결코 아시아 문화의 절반을 차지하는 것은 못 되며, 과거에 있어서나, 아시아의 문화와 운명을 결정하는 데 대한 인도 · 이란 민족과 투르크 민족 기타 여러 민족의 구실은 한 민족의 그것에 비하여 결코 적은 것이 아니며(후략)"(손진태 · 이해남, 『이웃나라 생활(역사부문)』, 탐구당, 1952, 머리말.).

면서 동아시아는 세계사 교육에 대한 문제인식 속에서 논의되기 시작하였다. 1955년 1차 교육과정 이후 세계사 교육과정은 '아시아사(동양사)'와 '유럽사 (서양사)'를 두 개의 큰 축으로 하는 세계사 구성 틀을 유지하면서, 유럽 중심 의 세계사 교육의 문제를 해결하는 방법으로 '아시아사'를 첨가 또는 확대하는 방향으로 개혁이 이루어졌다. 나아가 아시아사에서도 중국사를 가장 먼저 다루 도록 함으로써 '동아시아 문화권'을 중심으로 세계사를 이해하도록 유도하였던 것이다.[11] 이러한 상황 속에서 1990년대 이래 동아시아담론과 상호작용하면서 동아시아사를 하나의 단위로 서술하려는 논의가 등장하였다. 이러한 동아시아 사에 대한 논의를 크게 두 가지로 분류한다면 '한국사를 중심으로 확대된 동아 시아사'와 '지역사로의 동아시아사'로 나눌 수 있다. 다만, 2007 개정 〈동아시 아사〉 교육과정이 등장하였던 시기에는 이러한 논의만 정리되고 있을 뿐 통사 로 정리된 개론서조차 없는 상태였다.[*] 그럼에도 〈동아시아사〉 교육과정에서 서 술 시각은 연구진 사이에서 큰 쟁점 없이 '지역사로의 동아시아사'로 결정되었 고 개발 과정에서는 '지역사의 동아시아사'여야만 하는 타당성이 여러 차례 제 시되었다. 서술 시각에 대한 논의는 1차 회의에서 가장 먼저 언급되었다.

> 한국사, 즉 자국의 논리를 확대한 동아시아사라면 곤란하다. 오히려 중국, 일 본과 긴장감을 조성하게 될 것이다. 동아시아사는 지금의 동아시아 지역의 긴장 관계를 해소하고 협력적인 미래로 나아가는 데 중요한 역할을 해야 한다.
> — 회의록, 2007 개정 〈동아시아사〉 교육과정 연구자 D

---

[*] 〈동아시아사〉는 '지역으로의 동아시아사'를 쓸 수 있는 학술적 성과가 미흡한 상황에서 신설되었 고, 〈동아시아사〉 교육과정에서 동아시아사를 어떻게 인식하고 체계화할 것인지의 뼈대가 일차 적으로 제시되었으며, 신설 이후 이와 관련 연구들을 촉발시켰다(유용태, 앞의 책, 2017, p.105.).

이는 2차 회의에서 '한국사를 중심으로 확대된 동아시아사'가 되어서는 곤란하다는 연구진의 입장이 다시 확인되었다.

> 왜곡의 차원을 넘어선 교과서를 만들어야 한다. 자유로운 역사서술을 기반으로 자국의 입장을 중심으로 하는 것은 옳지 않다. 유네스코가 만들었던 원칙을 지향한다.
>
> - 회의록, 2007 개정 〈동아시아사〉 교육과정 연구자 A

'지역사로의 동아시아사'로 서술 시각으로 결정된 이유는 '동아시아사' 신설 배경을 고려한다면 쉽게 추론할 수 있다. 앞서 언급한 것과 같이 당시 동아시아에 대한 정부 정책은 '평화와 번영의 공동체'로 발전이었다. 이는 '한국사 중심의 확대된 동아시아사'는 오히려 긴장감을 조성할 수 있다는 당시 연구진의 생각이었다.

> 한국사 중심의 확대된 동아시아사는 결국 한·중·일 3국의 역사가 될 수밖에 없습니다. 결국 이것은 역사 갈등을 해결하기보다는 부추길 가능성이 있다는 판단이었죠.
>
> - 심층 면담, 2007 개정 〈동아시아사〉 교육과정 연구자 E

이에 관하여 교육과정 개발에 참여한 한 연구진은 연구진 자체가 '한국사 중심의 확대된 동아시아사'를 이야기할 수 없었다는 흥미로운 해석을 하였다.

> '한국사 중심의 확대된 동아시아사'가 될 수 없었던 이유 중에는 교육과정 연구진 인선 자체만 보아도 알 수 있어요. 한국사 중심의 확대를 보통 한국사 전공자들이 이야기할 수 있는 것인데, 교육과정에 참여한 한국사 연구진 중에서

한국사 중심을 이야기할 분은 없습니다. 애당초 인선 자체가 그렇게 구성되었다고 할 수 있어요.

- 심층 면담, 2007 개정 〈동아시아사〉 교육과정 연구자 F

이것은 〈표 Ⅱ-1〉에서 한국사 전공자로 분류된 연구진의 과거 연구 실적을 보면 타당한 해석이라고 할 수 있다. 한국사 전공자로 분류된 안병우 연구 책임자와 김정인 공동 연구원의 경우 『미래를 여는 역사』에 직·간접적으로 참여한 경력이 있으며, 역시 한국사 전공인 신항수 공동 연구원의 경우 교육과정에서의 역할이 전공보다는 소속 기관에서의 경험에 주안점을 두었기 때문이다.

또한, '지역사로의 동아시아사'가 된 다른 이유는 '한국사'를 전면에 내세우는 것에 대한 연구진의 거부감 때문이었다. 이는 〈동아시아사〉가 '국사교육 강화방안'이 아닌 '역사교육 강화방안'에 의해 신설되었다는 점을 주목해야 한다. 이 시기 언론은 주변국의 역사 왜곡 대응 방안으로 국사교육 강화방안을 주장하였다. 교육인적자원부에서 역사교육에 대한 국민의식 여론조사를 살펴보면 "역사 왜곡 문제에 중장기적으로 대처하기 위해 역사교육을 강화해야 한다."에 92.3%의 높은 공감을 보였다. 그러나 우리 역사에 대한 관심이나 지식 정도가 78.9%, 66.2%이며, 국가고시에 한국사 과목을 제외해야 한다는 입장에 대한 질문에 78.7%가 반영되어야 한다는 결과를 참고한다면, 여론조사에서 나타난 국민 의식은 '역사교육=국사교육'이라는 의식이 강한 것으로 판단된다.[12]

그러나 교육인적자원부에서 발표한 '역사교육 강화방안'은 한국사가 아닌 역사 시수 증대와 〈동아시아사〉 신설로 결정되었고, 이것은 국사교육 강화방안과 미세한 차이가 있다. 이미 역사과는 1972년 5월 '국사교육 강화방침'을 수용한 뒤 체제 내지 정권 유지에 이용당한 쓰라린 과거의 경험이 있었다. 그러므로 국민 의식과 여론과는 미세한 차이가 있는 '역사교육 강화방안'이 발표되었고, 이것은 2007 개정 〈동아시아사〉 교육과정 개발 시 서술 시각이 '한국사 중심의 확대된 동아시아사'가 아닌 '지역사로의 동아시아사'로 이어졌다.

　〈동아시아사〉 교육과정에서 내용상 논의는 〈세계 역사의 이해〉와의 차별성에 대한 것으로 이어졌다. 이미 〈세계 역사의 이해〉가 '문화권'을 중심으로 한 주제 중심 내용을 표방하며, 교육과정 시안까지 나온 상황에서 후발 주자인 〈동아시아사〉는 세계사에서 다루는 '한국, 중국, 일본, 동남아시아' 역사와 차별된 내용으로 구성되어야 하는 압박감도 존재하였다. 또한, 그동안 무수히 지적되었던 중국 중심주의에서도 벗어나야만 했다. 회의록을 살펴보아도 이에 대한 언급이 나타난다. 기존의 〈세계 역사의 이해〉 교육과정 시안과 비교하여 최대한 중첩 부분을 피하였다고 서술되어 있다.[13]

　2007 개정 〈동아시아사〉 교육과정 '성격'과 '성취기준'을 살펴보면 동아시아를 한자, 유교와 불교, 율령이라는 나름의 문화적 정체성을 형성해 온 역사적 단위로 파악하고 있다. 이는 동아시아 세계가 과거로부터 다른 지역 세계와 구별되는 특유의 사회·문화적 특징을 형성해 왔음을 주목한 것이지만, 결국 한자, 유교와 불교, 율령은 니시지마 사다오[西嶋定生]가 주장한 동아시아 세계를 묶는 요인으로 동아시아 전근대를 책봉체제로 인식할 수밖에 없다. 이것은 2007 개정 〈동아시아사〉 교육과정 성취기준에서 "동아시아 외교 형식인 조공·책봉 관계를 각국의 상호 필요라는 관점에서 파악한다."라고 제시되었고, 전근대 시기는 중국 중심주의적 입장 탈피는 어렵게 되었다. 즉, 고대 동아시아의 국제 관계를 조공·책봉 관계로 제한할 경우, 이미 중국 중심의 외교 관계를 전제한 것이므로 동아시아 각국 상호 간의 외교 관계는 부수적인 요소로 파악될 수밖에 없다.

　그러므로 조공·책봉 문제는 동아시아를 묶는 연결고리로 주목되어온 주제지만 각국의 상호 필요라는 관점이라면 굳이 조공 · 책봉이라는 주제를 설정할 이유가 없다'는 비판은 주목할 필요가 있다. 이는 니시지마 사다오가 논문 발표 후 받았던 다양한 비판임에도 불구하고,** 통사 형태의 개론서도 존재하지 않은 상태에서 개발된 2007 개정 〈동아시아사〉 교육과정의 한계라고 할 수 있다. 조공 · 책봉체제뿐만 아니라 '북방 민족의 성장', '소농 경영', '은 유통의 활성화' 등의 내용 요소들은 정도의 차이는 있지만 결국 중국사의 시대적 변화를 파악하는 데 유용한 요소들이라는 비판은[14] 2007 개정 〈동아시아사〉 교육과정의 중국 중심주의에서 벗어나지 못하였음을 알 수 있다.

근 · 현대 시기의 경우 동아시아 각국 간 갈등이 시작되고 심화되는 시기다. 2007 개정 〈동아시아사〉 교육과정에서는 근 · 현대 시기의 단원 구성을 그동안의 『세계사』에서 동아시아의 국민 국가 모색을 제1차 세계대전 직전까지로 한정하던 것을 1945년 전후로 시간 범위를 조절하여 일본의 성공과 다른 여타 국가들의 실패를 당연시한 구도에서 벗어난 의미가 있다. 그러나 근 · 현대시기의 내용 요소를 살펴보면, 제국주의와 식민지, 국민 국가, 민족주의 등 대립과 갈

---

* 조공 · 책봉이라는 구체적으로 존재하는 국제관계를 어떻게 투시할 것인지에 대해서는 현재로서 묘안을 찾기 어렵다. 그러나 조공 · 책봉이 갖는 보편적인 형식에도 불구하고 각 국가별로 맺고 있는 내용성이 차별적이기 때문에 조공 · 책봉 체제를 당시 동아시아 국제질서의 기본체제로 파악하기 곤란하다. 특히 동아시아 국제질서의 기본체제로 파악하기 힘든 측면은 특히 4~6세기 조공 · 책봉 체제 운영상에서 두드러지게 나타난다(임기환, 「고대 동아시아 국제 관계와 조공 · 책봉」, 『동아시아의 역사 Ⅰ : 자연환경-국제관계』, 2011, pp.378~380.).

** 니시지마 사다오의 논문 발표 후 많은 연구자는 국제관계가 전개되는 지역범위뿐만 아니라, 유교, 불교, 율령의 수용 과정에서 중국 왕조와의 책봉관계와 직접적인 관련성을 발견할 수 없는 사례가 많으며, 책봉체제는 국제관계를 규정하는 국가 상호 간의 역학관계를 놓칠 수 있다고 비판하였다. 또한, 책봉관계란 중국황제와 주변 제 민족과의 관계에서는 매우 한정된 관계라고 비판하였다(이성시, 「일본 역사학계의 동아시아세계론에 대한 재검토」, 『역사학보』 216, 2012, pp.61~62.).

등이 부각되는 그동안의 한계가 답습되고 있다.

또한, 2007 개정 〈동아시아사〉 교육과정 내용 요소 용어에서 논란이 발생하였다. 그동안 『세계사』와 『국사』에서 '임진왜란', '정유재란', '병자호란'이라고 쓰던 역사용어를 2007 개정 〈동아시아사〉 교육과정에서 '동아시아 대전'으로 표현한 것이다.

> 지역사로의 동아시아로 결정된 상황에서 임진왜란이라는 단어를 〈동아시아사〉 교육과정에서 쓸 수 없지요. 임진왜란은 우리 입장의 용어이니까요……
>
> – 심층 면담, 2007 개정 〈동아시아사〉 교육과정 연구자 D

2007 개정 〈동아시아사〉 교육과정 연구진의 역사용어에 관한 문제인식은 명확하였다. '지역사로의 동아시아사'로 서술 시각이 결정된 이상 '왜란'과 '호란'은 사용할 수 없다는 입장이었다. 그러나 용어의 생소함으로 인하여 공청회 과정에서 많은 비판을 받았다. 교육과정이 교과서에 미치는 영향력을 고려할 때 교육과정의 내용 요소는 절대적이며, 이때 사용되는 용어는 교과서에 그대로 쓰여질 수밖에 없기 때문이다. 공청회 과정에서 이에 관한 다양한 의견이 개진되었고, 결국 공청회 후 '동아시아 대전'은 '17세기 전후 동아시아의 전쟁'으로 연구진의 문제인식과 현장의 목소리가 반영된 형태로 바뀌었다.

(2) 〈동아시아사〉의 공간적 범주

동아시아사 범주는 동아시아사 서술 시각과 연결되었다. 공간적 범주는 〈동아시아사〉 교육과정 자체에는 정확히 명시되어 있지 않으나, 성취기준에 언급된 국가는 한·중·일 삼국과 몽골·베트남이다. 이중 논란의 대상은 베트남이었다. 2007 개정 〈동아시아사〉 교육과정 시안 개발 토론회에서 동남아시아가 전혀 나오지 않다가 베트남 전쟁으로 갑자기 언급되는 것이 매우 부자연스럽다는 의견이 표출되었다. 그러나 동아시아를 하나의 단위로 설정하는 데 있어 베트남이 언급된 것은 어색한 시도는 아니다. 1960년대 지역세계의 개념을 처음 제창한 우에하라 센로쿠[上原專祿]는 세계를 13개 지역세계로 설정하고 그중 하나로 동아시아 세계를 제시하였다. 그에 따르면 동아시아 세계는 중국·조선·베트남과 일본이 포함되어 있으며, 이 세계는 북방유라시아 세계, 동남아시아 세계, 태평양 세계와 접해 있다. 물론 이 '동아시아 세계'는 고정적인 지역세계로 존재하는 것은 아니다.[15]

또한, 니시지마 사다오는 동아시아를 "중국을 중심으로, 주변의 한반도·일본·베트남 및 몽골에서 티베트고원 사이에 있는 서북회랑지대 동부의 여러 지역을 포함"한다고 정의했다. 그가 이 지역을 하나의 동아시아 세계라는 문명권으로 묶었던 요인은 한자문화, 유교, 율령제 그리고 불교 네 가지다.[16] 다른 공통 지표인 유교, 율령, 불교만 하더라도 한자를 매개로 하여 이 세계에 확대된 것이기 때문에, 한자는 동아시아 세계의 가장 기본적인 지표에 해당된다. 동아시아에서 이 같은 한자문화권을 형성할 수 있었던 바탕은 책봉체제였다. 이것은 "단순히 중국 왕조를 중심으로 하는 국제적 질서 수준을 넘어, 국제 정국을 움직이는 형식이자, 그것을 움직이는 무대 그 자체였다."[17]고 주장하였다. 특히, 니시지마 사다오가 동아시아 세계를 묶는 요인으로 주장한 부분은 후에 〈동아시아사〉 성취기준에 중요한 토대가 되었다. 당시 〈동아시아사〉 교육과정 연구진은 니시지마 사다오가 주장한 것과 비슷한 맥락에서 베트남을 접근한 것으로 보인다.

'한국사 중심의 확대된 동아시아사'에 베트남은 언급하기 어렵지만, '지역사로서의 동아시아사'에서 베트남 특히 베트남 북부는 당연히 포함되어야 합니다. 물론 동아시아의 범주를 동남아시아까지 모두 포함하여 생각해 볼 수 있으나, 동남아시아는 현대 무역이나 이주 여성 정도는 관련 있지만 이전 시기는 관련이 없죠.

우리는 한글을 쓰고 베트남은 다른 말을 쓰지만 단어 자체가 한자문화권이며, 문화적으로 비슷한 점도 굉장히 많습니다. 근대 들어와서도 동아시아 3국은 일반적인 경험이 많지 않습니다. 베트남이 유일하게 서구 식민주의, 제국주의 또 자체의 문제까지 결부되어 있기 때문에 근대를 보는 시각을 한·중·일 3국의 것만이 아닌 우리나라의 역사를 달리 볼 수 있는 좋은 비교대상일 것이라는 점에서도 나는 베트남사가 빠져야 되는 이유를 잘 모르겠습니다.

    – 회의록, 2007 개정 〈동아시아사〉 교육과정 연구자 D

베트남사를 한·중·일과 같은 비중으로 배치할 것인가를 제쳐두고서라도 동아시아사의 국제질서 중에서 조공책봉체제를 본다면 베트남을 기술 안 할 수가 없을 것입니다.

    – 회의록, 2007 개정 〈동아시아사〉 교육과정 연구자 G

베트남이 포함된 또 다른 이유는 정치적 판단이었다. 동아시아사 범주에 관하여 연구진은 분쟁 당사국이 한·중·일 삼국이라고 〈동아시아사〉가 삼국으로만 구성되어야 할 이유는 없다는 점에 의견이 모였다. 이것은 앞서 '한국사 중심의 확대된 동아시아사'가 아닌 '지역사로의 동아시아사'로 결정된 것과 같은 맥락이다. 동아시아 역사를 이끈 주요 집단이 한·중·일 삼국이라고 해서 동아시아 세계를 구성하고 있던 삼국 이외의 많은 정치체제를 동아시아 역사에서 배제해서는 안 되며 특히 완충지역으로서의 다른 정치체제 없이 한·중·일 삼국 역사만을 서술하는 것은 오히려 삼국 간 갈등을 더 부추길 수도 있다는 우려가 나왔다.[18] 그러므로 그 완충지역으로 베트남이 등장하였고, 지역사적인 관점에서 본다면 한·중·일 삼국을 중심으로 베트남이 포함되어야 한다는 점에 대해서는 연구진 사이에서 동의를 얻었다.

이와 같이 2007 개정 〈동아시아사〉 교육과정에서 서술 시각이 지역사로 결정되면서 자연스럽게 베트남이 포함되어야 한다는 논의가 전개된 것이다. 이에 대하여 연구진은 대체로 북부 베트남의 역사가 동아시아사에 포함되어야 한다는 점에 관해서는 큰 이견이 없었다. 그러나 이것이 교육과정에 포함되어야 하는지는 별개 문제였다. 역사적 맥락이 아닌 다른 관점에서 교육과정에 베트남 포함이 포함되는 것에 대해서 반대 입장이 개진되었다.

> 동아시아에서 베트남이 역사적 교류가 있었던 것은 사실이고, 한·중·일 삼국의 역사 서술에서 관계된 부분을 언급했다는 점에서는 동의합니다. 그러나 이것이 동아시아사 교육과정을 개발한다고 생각했을 때 문제는 다릅니다. 교육과정은 최소한의 기준입니다. 교육과정에서 베트남을 언급하는 순간 교과서 집필자와 현장은 부담감으로 작용하게 되는 것이지요. 그런 의미에서 베트남이 교육과정에 포함되어야 한다는 점에서는 회의적입니다.
> — 심층 면담, 2007 개정 〈동아시아사〉 교육과정 연구자 F

> 동아시아사 교육과정이 개발될 당시 출판된 베트남 전문서적은 2권이었던 것으로 기억합니다. 베트남이 포함되어야 하는 당위성을 이야기하기 전에 이 정도의 연구로는 교과서의 내용과 평가 내용을 담보할 수 없다는 생각이었습니다.
> — 심층 면담, 2007 개정 〈동아시아사〉 교육과정 연구자 H

교육과정에 베트남 포함 여부에 대한 논의는 베트남 전공자를 회의에 참여시켜 의견을 들어보았으며, 3차 회의에 참여한 베트남 전공자는 베트남이 동아시아사에 포함되는 것에 대해 회의적인 입장을 취했다.

> (베트남 전공자는) 당시 베트남이 동아시아에 포함되는 것에 회의적이었어
> 요. 단순히 구색 맞추기 식 끼어넣기뿐이라는 것이죠.
> — 심층 면담, 2007 개정 〈동아시아사〉 교육과정 연구자 E

결국, 2007 개정 〈동아시아사〉 교육과정에 있어서 베트남은 범주에 포함되
느냐의 여부보다는 교육과정에서 언급 여부에 대한 논의였다. 어떠한 수준에서
든 베트남 논의는 치열하게 전개되었다. 추후 연구진은 베트남이 포함된 이유
를 다음과 같이 두 가지로 언급하였다. 첫째, 북부 베트남의 경우 우리의 '소중
한 동지'이며, 한국과 또 다른 '예'로서 역사 교육적으로 중요하다는 판단과 둘
째, 미래의 동아시아사는 동남아시아까지 포함되어야 한다는 판단 속에서, 연
구진은 동북아시아와 동남아시아의 연결고리로 베트남을 포함한 것이다.

> 북부 베트남의 경우 중국의 중화문명 속에서 나름의 주체성을 지켜나간 우리
> 의 '소중한 동지'며, 한국과 또 다른 '예'로서 역사교육적으로 중요하다는 판단
> 도 있었습니다.
> — 심층 면담, 2007 개정 〈동아시아사〉 교육과정 연구자 A

> 북부 베트남과 남부 베트남은 확실히 구별됩니다. 결국 역사적 맥락에서 동
> 아시아사에 포함되는 것은 북부 베트남이죠. 결국, 베트남은 동북아시아와 동남
> 아시아의 모습이 모두 있다고 할 수 있습니다. 궁극적으로 앞으로 미래의 동아
> 시아사는 동남아시아까지 포함되어야 할 것입니다. 그러기 위해 베트남을 언급
> 함으로써 동북아시아와 동남아시아의 연결고리라고 생각한 것입니다.
> — 심층 면담, 2007 개정 〈동아시아사〉 교육과정 연구자 E

이러한 논의의 끝에 베트남은 2007 개정 〈동아시아사〉 교육과정에 포함되었다. 베트남의 역사적 배경과 미래 지향적인 판단으로 베트남은 〈동아시아사〉 교육과정에 포함되었고, 이후 작성된 다양한 문서에서 "베트남 영역을 빠트리지 말 것"으로 강조되었다.

이상에서 2007 개정 〈동아시아사〉 교육과정의 단원 조직과 내용 논의를 살펴보았다. 비록 동아시아사 교육과정의 내용 요소가 중국 중심주의적이며, 근·현대사도 그동안 제기된 대립과 갈등의 시기로 구성된 한계가 있지만, 〈동아시아사〉 교육과정 연구진이 시도한 '지역사로의 동아시아사' 시각, 연대기적 주제 중심 구성 등은 높이 평가받아야 한다. 이러한 개발 과정을 걸쳐 2007년 2월 고시된 〈동아시아사〉 교육과정은 2009 개정 교육과정이 고시될 때 사회과 선택과목 개정 과정에서 존폐 위기에 놓이기도 하였지만, 여러 가지 당위성 때문에 살아남았다.* 어려운 상황에 처한 세계사 교육에 대한 학계의 노력과 한·중·일 삼국의 역사 갈등을 해결하고자 신설된 〈동아시아사〉 교육과정은 역사교육으로 해결하려는 역사교육계와 역사학계의 노력의 결과였으며, 미래지향적 시도였다.

---

* 고등학교 사회영역 선택과목 교육과정 연구보고서에 〈동아시아사〉 과목을 삭제할 경우의 단점을 다음과 같이 지적하였다. 첫째, 〈동아시아사〉는 국가의 역사 교육 강화 정책에 따라 추가된 과목이므로 개설 당시와 비교하여 국제적인 정세의 변화가 없는 상황에서 국가의 정책이 변경된 것에 대한 충분한 설명이 어려우며, 둘째, 일본의 우경화 경향, 중국의 동북 공정 사업과 같은 국제 정세의 지속으로 인해 역사 교육의 강화는 민족의 자주성과 자존감을 강화하는 핵심적인 교육 정책이다. 셋째, 이러한 상황에서 〈동아시아사〉의 폐지는 외부로부터의 비판을 피할 수 없다(박동준 외, 『(CRC 2009-44) 고등학교 도덕/사회 선택과목 교육과정 개정 연구』, 한국교육과정평가원, 2009, pp.31~35.).

제3장

맨땅에 헤딩,
2011 개정 〈동아시아사〉 교육과정

1. 2011 개정 〈동아시아사〉 교육과정 누가 만들었을까?

2007 개정 교육과정(2007년 2월 28일 각론 고시 제2007-79호)은 2009년 3월부터 각급 학교에 연차적으로 적용될 예정이었다. 그러나 이명박 정부는 일명 '미래형 교육과정'을 개발하여 2009 개정 교육과정(2009년 12월 23일 총론 고시 제2009-41호)을 고시하였다.* 국가수준 교육과정의 기본 골격과 운영 체제만을 개정하여 고시한 '2009 개정 교육과정'은 각론인 교과 교육과정과 그에 따른 교과서가 개발되기 전에 2011년 3월부터 각급 학교에 적용하였다. 2009 개정 교육과정 총론에 따른 2009 개정 교육과정 각론은 2011년 8월에 고시되

---

* 〈동아시아사〉는 2007 개정 교육과정에 처음 도입되었으나 2009년 교육과정(총론)이 개정되어 '2009 개정 교육과정에 의한 2011년 교과용도서'로 2종 교과서가 검정에 통과되면서 2012년부터 학교에서 사용되었다. 2012년판 『동아시아사』는 2007 개정 교육과정과 2009 개정 교육과정에 의거하고 있으며, 〈동아시아사〉의 경우 두 교육과정 내용은 동일하다. 그러므로 이 책에서는 개정된 시점의 연도를 붙여 이전 교육과정과 이후 교육과정을 구분하고자 한다. 그러므로 이전 교육과정은 2007 개정 〈동아시아사〉 교육과정, 2011년 8월 고시된 2009 개정 교육과정 총론에 따른 〈동아시아사〉 교육과정을 2011 개정 〈동아시아사〉 교육과정이라고 각각 명시하였다.

었고, 이에 따른 교과서는 2014년 3월부터 현장에 사용되었다. 결국, 2011년부터 2013년까지 3년 동안은 2009 개정 교육과정의 총론과 2007 개정 교육과정의 각론 및 교과서가 어색한 짝을 이루어 적용된 것이다.

이렇게 기형적 형태를 취하게 된 것은 2007년 대선에서 이명박 정부의 공약 때문이었다. 이명박 정부는 자율과 경쟁에 근거한 '교육과정 선진화' 방안을 공약하였다. 노무현 정부 때 개정된 2007 개정 교육과정은 총론과 각론의 전면적인 개정의 형식을 취하였지만, 7차 교육과정 총론의 기본 틀을 그대로 이어받았다는 점에서 각론 중심의 교육과정 개정에 해당한다고 볼 수 있다. 그러므로 2009 개정 교육과정은 2007 개정 교육과정의 각론과 교과서가 적용되기 시작한다는 시점에서 어쩔 수 없이 교육과정의 운영 체제인 총론에 대한 개정만을 수행하였다. 그러나 2009 개정 교육과정 총론 내용을 2007 개정 교육과정의 각론 및 교과서와 짝지어 학교 현장에 적용해야 하는 상황에서 현장 교사들은 교육과정 적용 문제를 놓고 힘들어했다. 2010년의 경우 제7차 교육과정과 2007 개정 교육과정을 함께 적용하고 있으면서 2009 개정 교육과정의 적용을 준비해야 하므로 현장 교사들의 교육과정 개혁이나 개정에 대한 피로감은 당연했다.

2009 개정 교육과정 총론에서는 공통 교육과정을 10학년에서 9학년으로 낮추고, 고등학교 3개 학년 모두를 선택 중심 교육과정으로 전환하였으며, 학습 부담 경감을 이유로 선택과목 축소와 단위 수 감축을 하였다. 이 같은 개정에 따라 역사과 교육과정 과목 편제도 변화했다. 고등학교 〈역사〉가 선택과목이 되었으며, 명칭도 〈한국사〉로 바뀌었다. 또한, 이전 교육과정에서 3개였던 고등학교 선택과목 〈한국문화사〉, 〈동아시아사〉, 〈세계역사의 이해〉 중에서 〈한국문화사〉가 폐지되었고 〈세계역사의 이해〉는 〈세계사〉로 과목명이 변경되었다.

역사 교육과정의 과목 편제의 변화로 인하여, 2009년 개정 교육과정에 따른 역사과 교육과정 부분 개정 연구가 진행되었다. 그러나 〈동아시아사〉 교육 과정은 개정하지 않은 채 그대로 유지하는 것으로 결정되었다. 2009 개정 교육 과정에 따른 역사과 교육과정 부분 개정 연구진은 '2009년 개정 교육과정으로 인해 2007년 개정 교육과정에서 강조되었던 역사 교육 강화와 이에 따른 역사 과목의 독립은 그 의미가 퇴색되었다'고 비판하며 '2009년 개정 교육과정에 의 해 부실 위험에 처한 중학교와 고등학교 한국사 교육 내용을 보강하는 데 목표 를 두었다.'고 하였다. 그러면서 '고등학교 역사 선택과목이 "한국사-동아시아 사-세계사"의 틀로 구성된 것은 우리나라와 세계의 역사를 망라하여 선택과목 이 갖추어졌다는 점에서 의미가 있다.'고 의미를 부여했다.[1] 교육과정 연구진은 〈동아시아사〉 교육과정을 개정하지 않으면서, 우리나라와 세계의 역사를 망라 한 선택과목을 갖추었다는 점에 의미를 부여하며 2009 개정 교육과정 총론을 비판한 것이다.

그러나 2009 개정 교육과정은 총론이 개발되자 각 교과별로 새로운 교육과 정 개발이 진행되면서 〈동아시아사〉 교육과정은 2011년 개정되었다. 이것이 2011 개정 〈동아시아사〉 교육과정이며, 이때는 2007 개정 〈동아시아사〉 교육 과정이 개발될 때와 다른 상황 속에 놓였다. 2011 역사과 교육과정 개발 및 검 정이 국사편찬위원회로 이관되었다는 점이다. 이전 2007 개정 교육과정에서 〈동아시아사〉를 제외한 사회과 교육과정은 한국교육과정평가원에서 연구진을 구성·개발하였고, 〈동아시아사〉 교육과정은 동북아역사재단에서 연구진을 구 성·개발한 것에서, 이때에는 역사과 전체 교육과정 개발이 국사편찬위원회로 이관된 것이다. 국사편찬위원회로 이관된 표면적 이유는 전문기관에서의 업무 효율성을 높이기 위한 일원화였다. 교육과학기술부는 2010년 8월 "국정도서에 서 검정도서로 전환된 역사교과서에 대하여는 국가 정체성 확립과 교과내용의 균형성·중립성을 유지하기 위해서 전문성을 갖춘 국가전문기관에서 검정심사 업무를 실시하여야 한다는 지적이 있어 왔다."며 중·고등학교 역사 교과서에 대한 검정심사업무(한국교육과정평가원 주관)와 감수업무(국사편찬위원회 주관)를 2011년부터 국사편찬위원회로 일원화한다고 발표하였다. 또한, 한국교육과정평가원은 전문기관이 아니기 때문에 검정위원을 섭외하는 데 공정성을 확보하기 어려웠지만, 국사편찬위원회는 역사전문가의 면면을 잘 알고 있으므로 검정 과정의 문제점도 해소될 것이라고 보았다.

이러한 교육과학기술부의 결정에 대해 역사교육계와 역사학계는 역사교육 강화를 명분으로 정치권력이 역사 교육과정의 구체적인 내용에까지 관장하겠다는 저의가 있다는 것이라며 우려를 표하였다. 또한, 역사교육 강화방안이 실효를 얻기 위해서는 역사 교과 독립을 전제로 2007 개정 교육과정의 정신을 되살리는 개정작업이 이루어져야 한다는 의견도 있었다.[2] 그럼에도 전문기관의 효율성을 근거로 역사교육과 관련된 모든 업무는 국사편찬위원회로 이관되었다. 국사편찬위원회로 이관이 얼마나 효율적이고 성공적이었는지 판단하기는 어렵다. 그러나 국사편찬위원회가 검정과 감수를 모두 한 2011 개정 역사과 교육과정이 이전 교육과정보다 더 많은 비판과 논란의 중심에 있었다.

역사 교육과정 개발을 이관받은 국사편찬위원회는 '역사과 교육과정 개발 정책 연구 위원회(이하 정책위)'를 구성하였는데, 국사편찬위원회가 위원장에게 추천하거나 위원장이 국사편찬위원회에 추천하는 형식으로 이루어졌다. 2011 개정 〈동아시아사〉 교육과정 개발에 관여한 위원회는 2개로 '역사과 교육과정 개발 추진위원회(이하 추진위)', '역사교육과정 개발 정책 연구 위원회(이하 정책위)'이다. 통상 정책위는 교육과정 실제 개발을 하는 위원회이기 때문에 이 시기 이목이 집중된 것은 추진위(추진위와 정책위 사이에서의 논의 및 관계는 뒤에서 후술)였다. 이렇게 구성된 정책위의 〈동아시아사〉 분과 연구진은 〈표 Ⅲ-1〉과 같다.

〈표 Ⅲ-1〉 2011 역사과 교육과정 개발 정책 연구 위원회 중 〈동아시아사〉 분과 연구진

	성명	소속	전공	비고
1	박근칠	한성대학교	중국중세사	위원장/추진위 겸임 『(중학교) 사회』 지학사 집필자 『역사부도』 지학사 집필자
2	정문상	경원대학교	중국 근현대사	-
3	박수철	서울대학교	일본중세사	-
4	최병택	공주교육대학교	한국근대사	추진위 겸임 『(중학교)역사』 지학사 집필자 『한국사』 지학사 집필자
5	정 연	영락고등학교	역사교육	2007 개정 교육과정 〈동아시아사〉 공동 연구원 『동아시아사』 천재교육 집필자
6	김해용	영동일고등학교	역사교육	『동아시아사』 교학사 집필자

〈표 Ⅲ-1〉에서 알 수 있듯이 정책위 소속 〈동아시아사〉 분과 위원은 중국사 교수 2명, 일본사 교수 1명, 한국사 교수 1명, 역사 교사 2명, 총 6명으로 구성 되었다. 이는 2007 개정 〈동아시아사〉 교육과정을 개발할 때와 비교해서 적은 인원이다. 그러나 2007 개정 〈동아시아사〉 교육과정의 경우에는 처음 개발되 는 교육과정이었으며 이미 다른 과목의 경우 이미 교육과정이 개발되었기 때문 에 짧은 시간 내에 개발해야 하는 상황을 고려하여 많은 연구진 확보가 필요했 다. 그러나 2011 개정 〈동아시아사〉 교육과정의 경우에는 신설 때와 상황이 달

랐기 때문에, 역사과 내 다른 영역과 비슷한 수의 연구진으로 구성되었다.*

연구진을 교수와 교사로 나누어 살펴보면, 교수 4명은 2007 개정 〈동아시아사〉 교육과정 개발에 직·간접적으로 참여한 이력은 없으며, 교육과정 개발 참여가 처음인 연구진도 있다. 교수 연구진의 경우 교과교육 전공자가 아닌 일반사 전공자로서, 역사문화학부, 자유전공학과, 동양사학과, 초등사회과교육으로 중등 역사교육과는 거리가 있다. 1986년도 이후 제도화된 학위 과정을 통해 교과교육과 관련한 논문을 쓰고 배출된 '좁은 의미의 교과교육 연구자 1세대'는 2011 개정 〈동아시아사〉 교육과정 연구진에 포함되지 않았다. 일반적으로 내용학(일반사) 전공자 출신이 학문의 관점에서 출발하여 교과를 보는 데 비하여, 교과교육 전공자들은 학습이나 교육의 맥락에 비추어 학문의 의미를 해석하려는 경향이 있다는 점에서 추후 교육과정 개발 시 연구진에 교과교육 전공자가 포함되어야 한다는 것이 고려되어야 한다.

위원장이었던 박근칠의 연구들을 살펴보면 당대(唐代) 호적과 재정을 중심으로 사회·경제사에 관하여 연구 주제를 넓히고 있으며, 중등 교육에 관한 활동으로는 중학교사회 교과서와 고등학교 역사부도 집필하였다. 정문상 위원의

---

* 2011 역사 교육과정 개정 정책 연구위원회 구성은 다음과 같다(김광운 외, 『(2011년 정책연구 개발사업) 2011년 역사과 교육과정 개정을 위한 시안 개발 연구』, 국사편찬위원회, 2011, p.18.).

분과별 추진위원회		대상교과영역	위원
1분과위원회 (위원장 오수창)	초등사회소분과 위원회	초등학교 사회 (역사, 한국사)	강석화, 조윤호, 신범식
	중학교 역사 소분과 위원회	중학교 역사(상,하) (한국사, 세계사)	차미희, 이근명, 고유경, 송미화, 양상진
2분과위원회 (위원장 오수창)		고등학교 한국사	김태웅, 서인원, 방대광, 하지연
3분과위원회 (위원장 김경현)		고등학교 세계사	류한수, 손준식, 최재호, 박중현
4분과위원회 (위원장 박근칠)		고등학교 동아시아사	정문상, 박수철, 최병택, 정 연, 김해용
총계			24

경우 동아시아 간 상호인식에 관한 연구를 수년간 진행하였으며, 재직하고 있는 대학에서 수년간 동아시아사와 관련된 수업을 개설하여 강의하였다. 그는 비록 중등 교육에 관한 연구는 없었으나 〈동아시아사〉가 지역사로의 동아시아사를 표방하고 있다는 점에서 그의 연구들은 의미가 있다. 지역사를 구성하는 방법은 연관 방법을 통해 역사 주체 간 직간접적인 상호 연관성을 드러내고 비교의 방법으로 주체들의 독자성을 드러냄으로써 사고의 실험을 깊고 풍부하게 만들 수 있다. 그러므로 연관과 비교의 지역사는 상호 의존과 공존의 경험 및 가치를 파악하는 동시에 타자의 독자성을 인정하는 역사 인식을 증진하는 데 유용하다.[3] 따라서 비록 근·현대로 한정하지만, 동아시아 국가들이 서로를 어떻게 인식하고 있었는지, 또는 중국과 한국의 학문에 미국이 어떻게 냉전의 지적 패러다임을 유입하였는지에 대한 그의 문제인식은 〈동아시아사〉 교육과정 개발에 적합한 연구진이라고 할 수 있다.

박수철 위원은 주요 연구 주제가 일본 전국시대와 오다[織田]·도요토미[豊臣] 정권이지만, 일본 역사 교과서 왜곡이나 한·일 교육과정에 관한 연구도 하였다. 이러한 연구 역시 〈동아시아사〉 교육과정 개발에 도움이 될 수 있다. 최병택 위원은 교수 중 초등 사회과교육과 교수로, 중학교 역사와 한국사 집필자로 참여한 경험이 있으며, 교수로 임용되기 전 한국교육과정평가원에서 부연구위원으로 수년간 근무한 경력이 있다. 그러므로 교육과정에 관한 전반적인 이해도가 매우 높기 때문에, 2011 개정 〈동아시아사〉 교육과정 개발 과정에서 성취기준 틀을 만들고, 교수 학습 방법 및 평가 부분을 작성하였다.[*]

---

[*] 회의록과 심층 면담에 따르면 2011 개정 〈동아시아사〉 교육과정의 성취기준의 대략적인 틀을 전근대는 정연, 근현대는 최병택 위원이 구성하였으며, 교수 학습 방법 및 평가 부분 역시 최병택이 개발하였다.

교수 연구진의 특징은 〈동아시아사〉 교육과정의 주요 3국인 한국사(1), 중국사(2), 일본사(1) 전공자들이 모두 참여하였다는 것과 비록 고대사가 제외되긴 하였지만, 나머지 시대는 전공자들로 구성되었다는 점이다. 이러한 구성은 비록 이전 2007 개정 〈동아시아사〉 교육과정에서는 전공별, 시대별 연구진이 모두 구성된 때와 비교했을 때 수적으로는 적지만, 역사과 다른 과목과 비슷한 연구진 수로 구성된 2011 개정 〈동아시아사〉 교육과정 연구진 구성으로는 최선이었다. 이러한 교수 연구진의 구성은 2011 개정 〈동아시아사〉 교육과정 개발 시 시대별 전공자가 해당 시대를 중점적으로 개발한 뒤, 다른 연구진이 함께 검토하고 결을 맞추는 형식으로 진행되었다.

> 개정 방향이 소폭 수정으로 잡히면서 연구진 모두가 대단원별로 이전의 교육과정을 하나씩 검토하는 방식으로 회의가 진행되었습니다. 딱히 영역을 나누거나 하지는 않았어요. 대신 자기 전공 영역에 해당하는 부분에 있어서 더 적극적으로 의견을 개진하였죠.
>
> — 심층 면담, 2011 개정 〈동아시아사〉 교육과정 연구자 A

교수 연구진과 달리 교사 연구진인 정연 위원과 김해용 위원은 2007 개정 〈동아시아사〉 교육과정에 의하여 집필된 두 권의 천재교육과 교학사 『동아시아사』의 집필자다. 특히 정연 위원의 경우 2007 개정 〈동아시아사〉 교육과정 개발에도 참여하였기 때문에 이전 교육과정에 대한 이해도가 높으며 교육과정이 교과서로 구현될 때의 문제점들을 잘 파악하고 있다. 또한 두 위원은 교육 실행 주체인 교사의 역할뿐만 아니라, 이전 교육과정 및 교과서에 대한 연구진, 집필진의 대표 역할도 겸하였다.

이와 같은 연구진 구성은 2007 개정 〈동아시아사〉 교육과정에 의한 『동아시아사』에 대한 검정이 진행되는 과정*에서 2011년 역사과 교육과정의 개정이 시작되었고, 그로 인하여 "교육과정에 대한 학교 현장의 반응을 전제로 현행 교육과정을 검토하는 것이 불가능한 상태"였던 특수한 상황에 "학교 현장의 반응을 전제로 하지 못하는" 한계에 대한 최소한의 보완이었다. 이러한 연구진 구성으로 2011 개정 〈동아시아사〉 교육과정은 2011년 8월 9일 고시되었다. 2007 개정 〈동아시아사〉 교육과정이 현장에 적용되기도 전에 새로운 교육과정이 등장한 것이다. 교육과정 개발에는 다양한 요인들이 개입된다. 교육을 보는 관점이나 새로운 교육이론이 적용되며, 교육과정 개발 작업에 참여하는 사람들의 개인적 · 집단적 이해관계가 작용하는 경우도 흔하다. 정치권력이 특정 목적이나 의도를 가지고 교육과정에 압력을 넣기도 한다. 이런 문제를 완화하기 위해 1980년대 후반~1990년대 교육과정 개정 연한을 정례화 하는 시도를 했지만, 흐지부지되었다.[4] 짧은 개정 주기도 문제이지만 2011 개정 〈동아시아사〉 교육과정은 교육과정 사상 최단기간에 개발하여야 했다.**

교육과정 개발 기간을 늘리고 새 교육과정 고시일을 늦춰달라는 의견이 모든 교과에서 공통적으로 나왔으나 교육과학기술부는 오히려 애초에 정했던 일정인 2012년 12월 말 연구 완료보다 더 앞당겨 추진하였다. 2013년 1학기에

---

* 이러한 특수한 상황은 연구진은 『동아시아사』가 백지본 된 것을 검토하는 것으로 개발을 시작할 수밖에 없었다.

** 각론뿐만 아니라 총론 역시 연구개발 기간이 1년이 채 되지 않아 많은 비판을 받았다. 충분한 연구가 이루어졌다는 총론 개발 연구진은 이전 정부에서 이루어진 '국가수준 교육과정 포럼'까지 포함하여 2007년 2월부터라고 주장하지만, 대다수의 입장은 2009 개정 교육과정 기본 골격이 잡힌 국가교육과학기술자문회의 산하의 미래형 교육과정 연구 T/F팀에 의해 개발이 시작된 2009년 1월 이후로 본다. 그러므로 T/F팀의 구상안 연구가 8개월, 실질적 총론 시안 연구개발은 4개월 정도다(김재춘, 「국가 교육과정 연구 · 개발 체제의 문제점과 개선방향: 제7차 교육과정 연구 · 개발 체제를 중심으로」, 『敎育課程研究』 20-3, pp.61~62.).

새 교육과정을 적용하려면 2012년 1학기에 교과서 검정이 이루어져야 하고, 그러려면 2012년 1학기에 교육과정이 고시되어야 한다는 일정 때문이었다. 교육과정 개발 기간은 5개월(2011. 3.-2011. 8. 9.) 남짓이었으며, 지금까지 교육과정 개발 기간은 6차 교육과정의 경우 17개월(1991. 5.-1992. 9.), 7차 교육과정의 경우 10개월(1997. 2. 28.-1997. 12.), 2007 개정 교육과정은 23개월(2005. 4.-2007. 2. 28.)이었다. 이처럼 2011년 개정 교육과정은 이전 교육과정 개발 기간과 비교해 보았을 때 기형적으로 급조된 교육과정 개정이었다. 이렇게 개정을 강행한 것은 이명박 정부 임기 중에 교과서를 개편하여, 교육과정부터 교과서 발행에 이르는 전 과정의 개편을 마무리하려는 정치적 욕구 때문이었다. 2011 개정 〈동아시아사〉 교육과정은 〈표 Ⅲ-2〉와 같이 두 단계에 거쳐 개발되었다. 1단계는 기초 연구에 해당하며, 실질적인 단계는 2단계에서 개발되었다.

〈표 Ⅲ-2〉 2011 개정 〈동아시아사〉 교육과정 개발 단계 및 결과물

개발 단계		개발 내용과 결과물
기초 연구	1단계 : 2009 개정교육 과정에 따른 교과교육과정 연구 (2010. 4.-2010. 11.)	• 개발 내용 - 총론에 따른 각 과목별 교육과정 개발 기초 연구 • 결과물 - 강현석 외, 『2009 개정 교육과정에 따른 교과교육과 정 개선 방향 및 개발 지침 연구 : 사회 과학 분야』, 교육과학기술부, 2010.
본 연구	2단계 : 2011년 역사과 교육과정 개정 연구 (2011. 3.-2011. 9.)	• 개발 내용 - 총론에 따른 각론 개발 • 결과물 - 김광운 외, 『2011년 역사과 교육과정 개정을 위한 시안 개발 연구』, 국사편찬위원회, 2011.

2011 개정 〈동아시아사〉 교육과정 개발은 2011년 3월 15일 정책위 전체 회

의 및 개별분과회의를 시작으로 총 7회의 개발 회의와 2회의 전체 회의, 1회의 공청회 과정을 거쳤다. 첫 회의부터 시안 발표는 3개월(6월 30일), 고시까지는 5개월(8월 9일)의 개발 기간이 주어진 것이다. 〈동아시아사〉가 신설 당시 13명의 연구진으로 구성되어 첫 회의부터 시안 발표까지 한 달여 걸린 것에 대하여 대대적인 비판을 받은 것을 고려해 볼 때, 6명의 연구진에 3개월의 시간이 주어진 것은 충분하지 못했다.

　교육과정을 개발하는 데 충분하지 못한 개발 일정을 연구진에게 강요하는 교육과학기술부의 이러한 태도는 교육과정 연구진이 교육과정을 개정해야 할 필요성에 대해 충분한 공감대를 형성하기 어렵게 만들었고, 교육과정 개발 방향을 잡기에도 어렵게 만들었다.

> 다른 것을 떠나 교육과정의 중요성을 고려할 때, 개발 기간이 너무나 짧다는 느낌입니다. 그래도 〈동아시아사〉 교육과정이 전면 수정이 아닌 소폭 수정이었으니…… 교육과정에 참여하는 연구진이 교수이거나 교사임을 생각해 본다면 학기 중에는 각자 기본적으로 맡은 일도 있는데…… 개인적 생각은 개발 기간이 1년 이상은 되어야 한다고 생각하고, 만약 그렇지 못하면 최소한 개발에 절대적으로 집중할 수 있는 방학이라도 포함되어야 한다고 생각합니다.
> 　　　　　　　　　　　　　　－ 심층 면담, 2011 개정 〈동아시아사〉 교육과정 연구자 A

　심층 면담 결과 교육과정에 참여하였던 연구진은 최소 1년에서 2년 정도의 개발 기간이 확보되어야 한다는 의견을 내놓았다. 단시간 내에 적용 가능성이 있는 완성도 높은 교육과정이 개발되어야 한다는 중압감과 시기적으로 마무리가 잘 돼야 한다는 중압감은 교육과정 개발 기간 내내 연구진을 힘들게 하였다. 교육과정 개발 동안 충분한 논의가 어려웠던 연구진은 개발 기간 확보가 어렵다면 차선책으로 학회나 단체를 활용하는 방법을 제시하기도 하였다.

> 학계의 연구실적, 특히 교과서 분석에 관한 글들이 꾸준하게 쌓여야 한다고
> 생각합니다. 그동안의 교과서 분석은 좀……최근 발표된 '은 유통'에 관한 분석
> 처럼 연구가 되고, 이런 연구들이 모여 교육과정에 반영될 수 있어야 합니다. 이
> 런 의미에서 교과서 검토를 정책적으로 할 필요가 있다고 생각해요. 예를 들어
> 동북아역사재단을 활용할 수 있겠죠.
> 　　　　　　　　　　 - 심층 면담, 2011 개정 〈동아시아사〉 교육과정 연구자 C

　앞서 언급한 2011 개정 〈동아시아사〉 교육과정의 특수한 상황과 짧은 개발 기
간으로 인하여 개발 방향은 기존 교육과정의 큰 틀을 유지하되, 2007년 교육과정
개정 당시와 달라진 교육 환경을 반영하여 기존의 교육과정을 소폭 수정하는[5] 것
으로 개발 방향이 결정되었다. 2011 개정 〈동아시아사〉 교육과정의 이러한 개발
방향은 정책위의 첫 전체 회의에서 논의되었다. 〈동아시아사〉 교육과정 연구진뿐
만 아니라 정책위의 다른 과목의 연구진도 〈동아시아사〉 교육과정의 대폭적인 개
정을 원하지 않는다는 분위기 역시, 2011 개정 〈동아시아사〉 교육과정 개발 방향
이 전폭적 개정이 아닌 '개선' 차원의 개발로 결정되는 것에 영향을 주었다.

> 　과목 편제에 초점에 맞춰 설명한다면, 본인 생각은 (고등학교에서) 개정된
> 세계사, 동아시아 과목의 경우 편제나 성격은 변경하지 않는 것이 좋다고 생각
> 함. 성취 기준에서 문제되는 것만 수정하는 것이 좋다고 생각함.
> 　　　　　　　　　　 - 정책위 회의록, 2011 개정 〈동아시아사〉 교육과정 연구자

　이와 별도로 추진위에서도 개발 방향이 논의되었다. 추진위에서 개발 방향
은 1차~3차 회의에 걸쳐 논의되었으나, 개정 방향은 한국사 영역의 계열화에

초점이 맞춰져 있었다. 2011 개정 〈동아시아사〉 교육과정의 경우 추진위의 4차 회의에서야 개정 방향이 아닌 내용 구성 및 범위에 대한 사항이 논의[6]되어 추진위에서는 〈동아시아사〉 교육과정의 개정 방향은 논의조차 되지 못하였다. 결국, 연구진은 〈동아시아사〉 교육과정 개정 필요성을 다섯 가지로 제시하고,[*] 〈동아시아사〉 교육과정의 개발 방향은 학교 급별 계열화와 성취기준 수 조절을 통한 내용 감축 20%, 학계의 연구와 제언을 반영[**]하는 것으로 정리하였다.

2. 2011 개정 〈동아시아사〉 교육과정 어떻게 만들었을까?

1) 2011 개정 〈동아시아사〉 교육과정 구성 논의

(1) 총론에 따른 성취기준 감축

2011 개정 〈동아시아사〉 교육과정 개발에 관여한 위원회 중 이목이 집중된 것은 추진위의 역할이었다. 교육과학기술부는 역사 교육과정 및 교과서 개선

---

[*] 첫째, '쉽고 재미있으며, 의미 있는 역사'를 구현하기에 적합한 교육과정이 되어야 한다. 둘째, 공통 교육과정인 중학교 〈역사〉와 적절하게 계열성을 확보할 수 있도록 단원 구성 방식과 내용 요소 선정, 성취기준 등을 재조정하여야 한다. 셋째, 한국인이 쓰는 '지역 세계사'로서의 동아시아사를 구현하기 위하여, 한국사와 세계사의 교육과정과 비교 검토하여, 내용 요소와 성취기준, 개념(용어) 등에 대한 적정한 수준을 마련하여야 한다. 넷째, 선택과목 단위 수 조정에 따른 교과 내용 20% 감축의 필요성을 반영하여 현행 성취기준의 수를 적정하게 감축하여야 한다. 다섯째, 〈동아시아사〉 신설 이후 축적된 학계의 연구 성과와 교과서 집필 과정에서 나온 제언들을 기왕의 교육과정에 반영하여야 한다(김광운 외, 앞의 보고서, pp.10~11.).

[**] "이전 교육과정과 교과서에 대한 논의가 활발하게 진행되면서 학계의 연구 성과가 제대로 반영되지 않았다는 부분들이 있다는 지적이 있었습니다. 또 교과서 집필에 참여했던 집필진이 교육과정에서 제시했던 것이 교과서 집필에서는 불가능했던 부분들에 대한 언급도 있었습니다." - 심층 면담, 2011 개정 〈동아시아사〉 교육과정 연구자 B.

을 위한 검토 및 자문 역할을 맡기기 위해 임의로 추진위를 구성하였는데, 대학교수, 초·중등학교 교사, 교육과학기술부와 국사편찬위원회의 담당 공무원 등 총 20명이 위촉되었다. 이 추진위의 공식적 역할은 역사과 교육과정 개정의 방향 설정, 교육과정 개발에 대한 검토 및 자문이었다.[7]

추진위는 2011년 2월부터 2011년 12월까지(교육과정 개발 기간부터 집필 기준안 검토까지) 약 10개월 동안 22차례의 회의를 하였으며, 그중 교육과정 검토 회의는 14회였다. 2011 개정 〈동아시아사〉 교육과정은 주로 [세계사 소위]에서 별도로 논의·검토되었으며, [세계사 소위]는 3차례의 별도 회의를 통해 〈동아시아사〉와 〈세계사〉를 논의·검토하였다.[*] 추진위 [세계사 소위] 회의 결과 보고서에 따르면, 〈동아시아사〉는 〈세계사〉에 비해서도 언급이 많지 않은 것을 보아 추진위의 관심은 〈동아시아사〉에 많지 않음을 알 수 있다.

추진위는 정책위의 최초 안이 성립된 때로부터 연구보고서에 실릴 최종안이 완성될 때까지 그것에 대해 자구 하나하나를 검토한 후, 수정할 사항을 제시하여[8] 사실상 상위 기구로 작용하면서 정책위와 많은 충돌을 일으켰다. 그러나 〈동아시아사〉 교육과정은 추진위와의 큰 충돌이 없었다. 2011 개정 〈동아시아사〉 교육과정이 추진위와 논란이 없었던 이유는 추진위의 논의 중심이 한국사 계열화 및 한국 현대사의 쟁점들에 있었으며, 2011 개정 〈동아시아사〉 교육과정 자체가 소폭 수정으로 개발 방향을 잡은 상황에서 논란의 여지가 많지 않았기 때문이다. 또한, 정책위의 다른 과목과 달리 2011 개정 〈동아시아사〉 교육과정 연구진 중 두 명이 추진위 위원이었다는 점도 추진위와의 논란이 없었

---

[*] [세계사 소위]는 교육과정 개발 기간 동안 총 3차례(6차, 8차, 11차) 회의를 하였으며, 〈세계사〉 교육과정과 함께 검토되었다.

던 이유로도 작용할 수 있다.

> 추진위와의 문제는 〈동아시아사〉에서는 없었습니다. 박 교수님이 우리의 이
> 야기를 전달했고 추진위 쪽 이야기를 저희에게 전달하셨어요. 워낙 추진위의 시
> 선이 한국사에 있었던 것도 있었고…… 박 교수님이 전달 과정에서 잘 조절하셨
> 던 것 같기도 하고……
>
> – 심층 면담, 2011 개정 〈동아시아사〉 교육과정 연구자 C

결과적으로 2011 개정 〈동아시아사〉 교육과정에 개발에 있어 추진위의 역할은 크지 않았다. 오히려 국사편찬위원회를 통해 전달된 교육과학기술부의 지침은 2011 개정 〈동아시아사〉 교육과정 결과보고서에 그대로 명시되었는데, 그 중 '학년군·교과군을 고려한 최소 필수 학습 내용으로 정선함으로써 성취기준 수 20% 감축'이 그것이다.[9]

2011 개정 〈동아시아사〉 교육과정 단원 조직은 전체적으로 대단원 6개, 내용 요소 23개, 성취기준 23개로 이전 2007 개정 〈동아시아사〉 교육과정보다 적은 내용 요소와 성취기준을 제시하였다. 2007 개정 〈동아시아사〉 교육과정은 당시 다른 과목에 비하여 적은 대단원과 성취기준을 제시하였다. 그럼에도 2011 개정 〈동아시아사〉 교육과정 연구진은 내용 요소와 성취기준 수를 감축하였다(〈동아시아사〉 내용 요소 감축 개수에 관하여서는 약간의 정정이 필요하다. 2011년 역사과 교육과정 개정을 위한 결과보고서에 따르면 내용 요소를 26개에서 23개로 3개 감축하였다고 제시하고 있으나, 고시된 교육과정에 따르면 내용 요소는 26개가 아닌 24개다. 연구진 심층 면담과 문서들을 검토한 결과 고시된 〈동아시아사〉 교육과정의 내용 요소에 있어 오류가 있자 고시된 교육과정의 내용 요소가 아닌 처음 신설될 때 작성된 연구결과보고서를 기준으로 감축 기준이 작성된 것으로 보인다.) 성취기준 수를 감축하는 것

에 대한 연구진의 근거는 위에서 언급한 교육과학기술부의 지침 내용이었다. 결과보고서에 따르면 2011 개정 〈동아시아사〉 교육과정의 성취기준은 충분히 교수 가능하지만 교육과정 개정의 대의에 동참하는 의미에서 몇 개의 성취기준을 감축·조정한다[*]고 서술하였다.

그렇다면 연구진이 언급한 교육과정의 대의는 무엇이며 20%의 기준은 무엇일까? 2009 개정 교육과정 총론에서는 교과군의 도입으로 기존의 6단위였던 사회과 선택과목이 5단위로 조정되었고, 집중이수를 전제로 주당 1시간 가감하는 것을 고려한다면 4단위까지 감축할 수 있다. 따라서 선택과목인 2011 개정 〈동아시아사〉 교육과정은 4단위로도 수업 가능한 성취기준을 제시해야 한다는 것이다. 결국, 성취기준 수 20% 감축은 주 5일제를 기반으로 집중이수제를 위한 수업 시수 감축 때문이었으며, 총론에서 언급한 20%는 1단위가 감축될 수 있으므로 학습량을 80%로 제시하라는 의미였다. 그러므로 교육과정 연구진이 〈동아시아사〉 성취기준 수가 충분히 교수 가능하다는 서술은 약간의 추가적 설명이 필요하다. 결과보고서에 연구진은 5단위로 계산하여 85차시 동안에 26개의 성취기준이 충분히 교수된다고 언급하였지만, 2011 개정 〈동아시아사〉 교육과정이 4단위로 개설될 경우인 68차시에 교수가 가능한 성취기준이 제시되어야 한다. 물론, 동아시아사 연구진은 성취기준 수를 감축하여 68차시에 교수할 수 있는 성취기준 수를 제시하였다. 그러나 교과의 입장에서 시수를

---

[*] 현행 〈동아시아사〉 교육과정의 성취기준은 26개로, 각 성취기준당 수업 시수를 3시간으로 잡았을 때 78차시가 소요될 것으로 보여, 과목당 연간 수업 시수인 85차시 안에 충분히 교수가 가능할 것으로 생각된다. 그러나 금번 교육과정 개정의 기본 방향인 수업 부담 경감의 대의에 동참하는 의미에서 몇 개의 성취기준을 감축, 조정하여 전체적으로는 3개의 성취기준을 감축하도록 한다(김광운 외, 앞의 보고서, p.132.).

고려한 내용 조직은 성취기준 수로 제어할 수 있는 문제가 아니라 질적으로 판단하는 것이며, 연구진은 총론의 입장을 결과보고서에 반영하는 과정에서 나타난 착각으로 판단된다.

2009 개정 교육과정 총론에서는 학습량의 적정화를 위하여 학기당 이수 과목 수 감축 방안 및 교과목별 집중이수제가 방안으로 제시되고 그것이 가능하기 위하여 교과군과 학년군 개념들이 제안·검토되었다. 그 속에서 단위학교의 자율성을 확대하기 위하여 교과목별 수업시수의 20% 자율 증감 방안이 제시되었다. 사실 수업 시수 20% 자율 증감은 교육과정 자율학교 등 특수한 학교에 한하여 교과별 수업시수를 단위학교가 자율적으로 증감할 수 있다는 맥락에서 출발하였다. 학년별 교과별 칸막이가 심했던 2007 개정 교육과정에서 단위학교가 자율성을 발휘할 수 있는 재량을 허용하기 위하여 시작된 아이디어로 나름의 의미를 지녔으나, 모든 학교에서 교과별 수업시수 20% 자율 증감을 허용하는 지침으로 '진화'되면서 많은 문제점을 발생했다. 그러므로 총론이 개발되는 순간부터 맥락이 사라진 수업 시수 20% 자율 증감은 교과교육 개발 지침 연구를 거쳐* 실질적 교육과정 개발로 내려오면서 성취기준 수 20% 감축으로만 남아 교육과정 연구진에게는 일방적 교육과학기술부의 지침으로 남았다.

교육 내용의 적정화의 최종 목적이 학생들의 학습 부담을 경감시키기 위한 것이라면, 교과서 내용이 적정화되어야 하며, 교과서 내용을 적정화하기 위해

---

* 2011 개정 〈동아시아사〉 교육과정이 개발 전 연구된 『2009 개정 교육과정에 따른 교과교육과정 개선 방향 및 개발 지침 연구』에서는 "학년(군) 및 학교급 내, 학교급 간 교육 내용의 중복 또는 비약을 조정"하기 위하여 "동아시아사와 세계사는 2007 교육과정을 준용하면서 내용 요소를 20% 정도 감축"한다."고 서술하였다(강현석 외, 『2009 개정 교육과정에 따른 교과교육과정 개선 방향 및 개발 지침 연구 : 사회 과학 분야』, 교육과학기술부, 2010, p.75.).

서는 교육과정의 적정화가 함께 고려되고 논의되어야 한다. 그러나 성취기준 수 20% 감축이라는 구체적인 요구는 이러한 논의가 사라진 채 필연적으로 기존 내용의 삭제 또는 다른 내용과의 통합이라는 방법을 사용하게 되었다.

2011 개정 〈동아시아사〉 교육과정의 경우 후자의 방식을 취하였는데, 예를 들어 이전 교육과정에서 'Ⅰ-1. 동아시아의 자연환경'과 'Ⅰ-3. 농경과 목축'을 'Ⅰ-1. 자연환경과 생업'으로 'Ⅴ-2. 제국주의 침략'과 'Ⅴ-3. 민족주의와 민족 운동'을 합쳐 'Ⅴ-2. 제국주의 침략과 민족 운동'으로 'Ⅵ-1. 전후 처리 문제'와 'Ⅵ-2. 동아시아에서 분단과 전쟁'을 합쳐 'Ⅵ-1. 전후 처리와 동아시아의 냉전'으로 내용 요소를 통합하였다. 이렇게 내용 요소를 통합하였다면 필연적으로 다른 단원의 내용 요소(성취기준)보다 필요성 및 타당성 면에서 어떠한지에 대해 연구진은 학문적으로 판단하며, 그 이후 통합하거나 삭제하는 방식을 취해야 한다. 그러나 이미 성취기준 수 20% 감축이라는 지침은 연구진이 끊임없이 기존 교육과정 내용 요소(성취기준) 중에서 어떤 내용 요소를 통합해야 20% 감축이 쉬운지만을 논의하는 결과를 초래하였다.[*]

이러한 통합으로 Ⅰ단원에서 1개, Ⅴ단원과 Ⅵ단원에서 각각 1개가 성취기준 수가 감축되었지만, 근현대 단원에서 2개가 축소되어 전체적으로 근현대사의 비중이 축소되었다. 이러한 조정은 '동아시아 지역에 현존하는 갈등을 해소'하고 '상호 발전과 평화에 이바지하는 자세를 가진다.'는 〈동아시아사〉 교육과정 목표에 부합하지 않는다. 동아시아 국가 간의 역사 인식의 차이와 그로 인한

---

[*] 심층 면담과 회의록에 따르면 이전 교육과정의 성취기준을 검토하면서 통합할 수 있는 부분을 검토하였다. 그 과정에서 대단원 Ⅱ의 성취기준 중 불교·율령·유교를 합치거나 불교·율령을 합치고 유교를 성리학과 합치는 방안도 검토되었으나, 시대가 넓게 잡히거나 너무 주제가 커져버린다는 논의 끝에 대단원 Ⅱ의 성취기준 통합은 되지 않았다.

갈등과 분쟁은 대부분 근현대사와 관련이 있기 때문이다.

위에서 살펴본 바와 같이 '옥상옥'이라는 비판을 받은 추진위는 최소한 2011 개정 〈동아시아사〉 교육과정 개발에는 큰 영향을 미치지 못하였으나, 총론의 의도는 맥락이 사라진 채 교육과학기술부의 지침으로만 남았다.

(2) 성취기준의 배열과 구성

2011 개정 〈동아시아사〉 교육과정 개발 과정에서 연구진이 가장 많이 고민한 것은 성취기준의 구성과 진술이었다. 고민의 시작은 『동아시아사』 2종에 관한 검토였다. 2011 개정 〈동아시아사〉 교육과정 개발 당시에는 2007 개정 교육과정에 따라 2012년부터 현장에서 사용 예정이었던 2종(교학사·천재교육 출판사) 교과서가 검정 중이었다.

교과서 구성의 차이로 인하여 2종 교과서에 대한 평가는 연구진 내부에서도 상이하였다. 천재교육의 경우 절 없이 곧바로 주제 중심의 항목을 두어 형식상 국가별 서술을 지양하였고, 교학사의 경우 주제 중심의 절을 설정하고 그 밑에 국가별로 항목을 나누어 구성하였다. 동아시아 지역사의 취지와 교육과정에 비추어 볼 때 천재교육이 더 잘 구현했다는 것이 기존 평가지만 교학사가 현실적으로 교사가 가르치기에도 학생들이 이해하기에도 편하다는 장점이 있었다. 이후 2011 개정 〈동아시아사〉 교육과정에 의해 집필된 동아시아사 교과서 3종은 교학사의 교과서 구성과 비슷하게 국가별로 항목을 나누어 구성하였다.

> 일장일단이 있겠지만 '천재'의 경우 연구자에게 더 잘 어울리는 교과서였고, 학습자의 입장에서 본다면 교학사가 더 낫다는 생각이었습니다.
> ― 심층 면담, 2011 개정 〈동아시아사〉 교육과정 연구자 C

위 연구진의 언급처럼『동아시아사』가 아직 교육 현장에 나오기 전이었지만 '연대기적 주제 중심' 구성에 대한 부담과 우려가 예견되고 있었음을 알 수 있다. 연대기적 주제 중심 구성은 〈동아시아사〉 과목이 신설되어 교육과정 개발이 되던 단계부터 일관성이 부족하고, 내용이 학습자에게 지나치게 어려워질 가능성이 높으며, 공통적이고 연관성 있는 요소를 각 주제별로 모두 접근하는 것이 어렵다는 지적이 제기되었다. 교과서가 현장에서 사용된 후 교사들은『동아시아사』의 가장 큰 문제점으로 연대기적 주제 중심 구성인 내용구성 방식을 지적했다. 통사 학습과의 차별성을 두기 위해 연대기적 주제 중심 구성을 선택한 것은 이해하지만 학생들의 수준이 연대기적 주제 중심 구성을 이해하기에는 무리가 있으므로 교과서에 시대적 흐름을 개관해 주는 내용이 필요하다고 지적하였다. 학생뿐만 아니라 교사들 역시 불교, 성리학 등 하나의 주제를 놓고 깊이 공부한 경험이 풍부하지 않아 연대기적 주제 중심 구성에 적응하기 어려웠다. 물론, 연대기적 주제 중심 구성은 〈한국사〉 및 〈세계사〉와의 차별성을 확보할 수 있었지만, 기존 통사 체제의 교과서에 익숙한 교사와 학생들에게 이질감이 있는 것은 당연한 일이다.[10] 이러한 어려움을 2011 개정 〈동아시아사〉 교육과정 연구진은 '연대기적 주제 중심' 구성이라는 큰 틀은 가져가되, 성취기준 배열을 재조정하여 학교 현장의 부담감을 덜어주는 방향으로 의견을 모았다.

> 이전 교육과정의 경우 성취기준의 순서가 대단원별로 달랐어요. 이것을 전체적으로 가급적 대단원 안에서 체제를 이룰 수 있도록 정리하였습니다. 정치, 대외관계, 사회·경제, 사상·학술, 문화의 순서 등으로 재조정을 하였습니다.
> — 심층 면담, 2011 개정 〈동아시아사〉 교육과정 연구자 A

> 주제사가 참신하기는 하지만 학습자에게는 너무 어렵게 다가올 수 있어요. 학습하는 시기가 자꾸 변화한다는 것이 학습자들에게 어려움으로 다가올 수 있

다는 판단이었어요. 그래서 각 대단원의 첫 중단원에서 해당 시기를 어느 정도 이해시키자는 것이 좋겠다고 의견을 모았습니다.

－ 심층 면담, 2011 개정 〈동아시아사〉 교육과정 연구자 B

2011 개정 〈동아시아사〉 교육과정 연구진은 두 가지 기준으로 성취기준을 재조정하였다. 첫째, 중단원 첫 단원에서 해당 시기의 정치적 흐름을 파악할 수 있도록 한 뒤, 둘째, 분야별로 일정한 체계를 이룰 수 있도록 하였다. 이를 토대로 성취기준의 변화를 정리하면 〈표 Ⅲ-3〉과 같다.

〈표 Ⅲ-3〉 2007(9)·2011 개정 〈동아시아사〉 교육과정의 영역별 성취기준 비교

2007(9) 개정 〈동아시아사〉 교육과정	2011 개정 〈동아시아사〉 교육과정
(1) 동아시아 역사의 시작	(1) 국가의 형성
① 동아시아 지역의 사람들이 어떤 자연 조건과 환경 속에서 살았는지 알아본다. ② 대표적인 유물을 중심으로 선사문화의 다양성을 이해한다. ③ 농경과 목축의 시작과 발전을 알아보고, 그것이 동아시아 사회에 끼친 영향을 파악한다. ④ 정치적 갈등과 통합을 통해 국가가 성립, 발전하는 과정을 이해한다.	㉠ **동아시아의 자연환경과 그와 관련된 사람들의 삶을 농경과 유목을 중심으로 파악한다.** ㉡ 동아시아 신석기 문화의 다양성을 대표적인 유물을 중심으로 설명할 수 있다. ㉢ 각 지역에서 국가가 성립되고, 상호 교섭을 통해 발전하는 과정을 이해한다.
(2) 인구 이동과 문화의 교류	(2) 동아시아 세계의 성립
① 지역 간에 인구 이동이 활발히 전개되고, 전쟁이 빈번하게 일어났음을 이해한다. ② 불교가 각 지역에 전파되는 양상과 그 영향을 비교한다. ③ 율령과 유교에 기반한 통치체제가 수립되고, 이를 각국이 수용하는 과정을 살펴본다. ④ 동아시아 외교 형식인 조공·책봉 관계를 각국의 상호 필요라는 관점에서 파악한다.	㉠ **여러 국가와 정치 집단이 분열하고 통합되는 과정을 인구 이동과 전쟁을 중심으로 이해한다.** ㉡ 조공·책봉관계를 포함한 동아시아의 다양한 외교 형식을 각국의 상호 필요라는 관점에서 파악한다. ㉢ 율령과 유교에 기초한 통치 체제의 특징을 이해하고, 이를 각국이 수용한 양상을 비교한다. ㉣ 불교가 각 지역에 전파된 과정을 살펴보고, 그 역할과 영향을 탐구한다.

2007(9) 개정 〈동아시아사〉 교육과정	2011 개정 〈동아시아사〉 교육과정
(3) 생산력의 발전과 지배층의 교체	(3) 국제 관계 변화와 지배층의 재편
① 북방 민족의 등장과 각국의 대응, 몽골지배의 영향을 파악한다. ② **농업 생산력이 발전하고, 소농 경영이 정착되는 모습을 이해한다.** ③ 문신과 무인이 새로운 지배층으로 등장한 배경을 알아보고, 그 차이점을 비교한다. ④ 성리학의 성격을 살펴보고 지역별 특징을 비교하여 설명한다.	㉠ **동아시아 국제 관계가 다원화되었음을 유목 민족의 성장과 각국의 대응 관계를 통하여 이해한다.** ㉡ **사대부와 무사가 새로운 지배층으로 등장하게 된 사회·경제적 배경을 살피고, 각 사회의 특징을 비교한다.** ㉢ 성리학이 각국의 정치 질서와 사회 규범, 일상생활에 미친 영향을 설명할 수 있다. ㉣ 몽골제국 성립 이후에 전개된 동아시아 지역 내·외의 교류에 대해 탐구한다.
(4) 국제질서의 변화와 독자적 전통의 형성	(4) 동아시아 사회의 지속과 변화
① 17세기 전후 동아시아 전쟁의 전개 양상과 국제 관계에 미친 영향을 알아본다. ② 은 유통의 활성화와 동아시아 교역망의 발달, 서구와의 교류를 이해한다. ③ 인구 증가와 도시화의 촉진, 서민 문화의 발달상을 탐구한다. ④ 각국이 독자의 체제와 전통을 형성해가는 모습을 비교한다.	㉠ **17세기 전후 동아시아 전쟁이 동아시아 국제 관계와 각국의 정치·사회에 미친 영향을 설명할 수 있다.** ㉡ 상공업 발달과 인구 증가, 도시화의 진전에 따른 사회 변동의 양상을 파악한다. ㉢ 학문과 과학기술이 발전하고 서민 문화가 성장하였음을 이해한다. ㉣ 동아시아 지역 내의 교역 관계가 변화하고, 은을 매개로 서구와 교류하였음을 이해한다.
(5) 국민 국가의 모색	(5) 근대 국가 수립의 모색
① 각국에서 개항이 갖는 의미와 근대 국민국가 수립의 양상을 비교한다. ② 제국주의 침략전쟁과 이로 인한 가해와 피해의 실상을 알아본다. ③ 침략과 지배에 저항하여 일어난 각국의 민족주의와 민족운동을 비교한다. ④ 전쟁을 반대하고 평화를 지향하는 노력과 국제 연대에 대해 알아본다. ⑤ 각국이 서구 문물을 수용하면서 사회·문화·사상 등에 어떤 변화가 나타났는지 비교한다.	㉠ **개항 이후 각국에서 일어난 근대화 운동과 동아시아 국제 관계의 변동을 파악한다.** ㉡ 제국주의 침략 전쟁과 그로 인한 가해와 피해의 실상을 알아보고 각국에서 일어난 민족 운동을 비교한다. ㉢ 군국주의의 대두로 일본의 침략 전쟁이 확대되고, 이에 대응하여 국제적 연대와 평화를 추구하는 움직임이 일어났음을 이해한다. ㉣ 각국이 서구 문물을 수용하면서 일어난 사회·문화사상적 변화를 예를 들어 설명할 수 있다.

2007(9) 개정 〈동아시아사〉 교육과정	2011 개정 〈동아시아사〉 교육과정
(6) 오늘날의 동아시아	(6) 오늘날의 동아시아
① 제2차 세계 대전의 전후 처리와 각국의 국교 회복 과정에 대해 이해한다. ② 중국의 국공 내전, 6.25전쟁, 베트남 전쟁의 성격과 그 영향을 알아본다. ③ 각국의 경제 성장 과정을 비교하고 지역 내 교역 활성화에 대해 살펴본다. ④ 각국의 정치와 사회의 발전 모습과 특징을 파악한다. ⑤ 동아시아에 현존하는 갈등을 살펴보고, 화해를 위한 방법을 탐구한다.	**㉠ 제2차 세계 대전의 전후 처리 과정을 알아보고, 동아시아에서 냉전이 심화된 과정과 그 영향을 파악한다.** ㉡ 각국의 경제 성장 과정을 비교하고 지역 내 교역이 활성화되고 있음을 이해한다. ㉢ 각국에서 정치와 사회가 발전하는 모습과 특징을 파악한다. ㉣ 동아시아에 현존하는 갈등과 분쟁에 대해 알아보고, 화해를 위한 방법을 탐구한다.

〈표 Ⅲ-3〉 성취기준을 살펴보면 각 대단원에서 첫 번째 중단원을 해당 시기의 정치적 흐름을 파악할 수 있는 주제사로 구성하고, 영역마다 정치, 대외관계, 사회·경제, 사상·학술, 문화교류 등으로 배치되었음을 알 수 있다. 앞서 언급한 것과 같이 교사들이 첫 중단원에 각 지역의 왕조변천 및 주요 내용을 연대기식으로 개관한 소단원 배치를 선호[*]한 것으로 보았을 때, 연구진이 교사들의 바람을 어느 정도 예측하여 문제를 해소하려 한 것으로 판단된다.

2011 개정 〈동아시아사〉 교육과정에서는 "공통 교육과정인 중학교 〈역사〉와 적절하게 '계열성'을 확보할 수 있도록 단원 구성 방식과 내용 요소 선정, 성취기준 등을 재조정해야 한다."며 개정 필요성을 언급하였다. 또한, 추진위 14회의 회의기록을 살펴보면 추진위는 교육과정 개발 방향에서부터 계열화에 대

---

[*] 학생들은 다른 지역이나 국가의 역사를 종과 횡으로 이해하는 것에 대하여 학습의 곤란을 호소하기 때문에 많은 교사는 교과서 내용과는 별도로 해당 대단원 시기의 각국사의 흐름을 정리하고 횡으로 연결해 비교하기도 하고, 필요에 따라서는 연표를 활용하는 수업을 전개하기도 하였다(김유리·신성곤,「2011년 개정 〈동아시아사〉 교육과정의 문제점과 개선방안」,『歷史敎育』132, p.4.; 윤세병A, 앞의 논문, pp.256~259.).

해 끊임없이 논의하고 정책위에 요구하였다. 그런데도 '계열성 확보'는 여전히 해결되지 못한 문제점으로 남았다.* 교육과정 회의록과 문서에서 끊임없이 언급한 '계열성 확보'는 역사과 전체가 아닌 한국사 영역에 집중되었기 때문이다.

'계열화' 너무 중요하죠. 그런데, 〈동아시아사〉 '계열화' 논의가 될 공간이 없었어요. 너무나 치열하게 한국사에 논의가 집중되어 있었거든요. 그런 시점에서 홀로 〈동아시아사〉 '계열화'를 이야기할 수 없었습니다.
                    – 심층 면담, 2011 개정 〈동아시아사〉 교육과정 연구자 B

'계열화'도 그렇고 용어 선택도 그렇고…… 이에 대한 논의가 제대로 이루어지려면 교육과정이 만들어지는 과정에서 과목이나 영역 간에 충분히 논의가 이루어져야 합니다. 서로 교육과정 개발 회의에 참여도 하고 전체 회의도 여러 번 하면서 의견도 조율하고…… 이런 과정들이 수차례 진행되어야 '계열화'도 하고 하는 것이지…… 각각 이미 교육과정이 완성된 과정에서 한번 모여 어떻게 조절이 되겠습니까?
                    – 심층 면담, 2011 개정 〈동아시아사〉 교육과정 연구자 A

심층 면담과 정책위 및 추진위의 회의기록에 따르면 추진위가 중심이 되어 전개된 계열화 논의는 한국사에 집중되었으며, 결국 추진위 의견으로 일방적으로 결정된 계열화 방향에 맞춰 다른 과목들이 개정되었다.

교육과정 개정 시기마다 계열화를 실현해야 한다는 요구는 항상 있었다. 역

---

* 교육과정에서 계열성이란 일련의 학습 내용과 경험을 내적으로 연관된 질서에 따라 심화시키는 원리이며, 계열화는 그러한 질서에 따라 교육 내용을 체계화하는 것이다. 다만, 본 논문에서는 연구보고서와 심층 면담에서 사용한 용어 그대로 명시하였으며, 필자가 사용한 계열성, 계열화와 구분하기 위하여 ' '를 사용하였다.

사과 교육과정의 개발 과정에서 가장 자주 언급되는 문제 중 하나가 계열화이며, 역사과 교육과정을 분석하거나 평가하는 연구들에서도 흔히 언급되는 주제이다. 실제 교육과정에서 계열화의 논의는 크게 두 방향으로 전개되는데 과목편제의 계열화와 내용구성의 계열화이다. 그중 2011 개정 역사과 교육과정에서 논의된 것은 내용구성 방식의 계열화 논의였다. 초·중·고등학교를 다니는 동안 3~4차례의 한국사 학습이 이루어지면서 계열화가 확보되지 않으면 한국사 교육의 효율성이 떨어진다는 비판이 제기될 수 있기 때문에, 이 문제는 반드시 해결해야만 하는 과제로 부각되어 왔다. 이처럼 계열화 논의의 시작점이 한국사 교육의 효율성에 있으므로, 교육과정 개발에서 계열화가 한국사를 중심으로 논의가 될 수밖에 없는 것이다.

이러한 문제는 〈동아시아사〉 교육과정에도 영향을 미쳤다. 〈동아시아사〉는 한국사를 포함한 동아시아 지역세계사였기 때문에 세계사 영역은 물론 한국사 영역까지도 계열화를 고려해야 한다. "선행학습을 기초로 후속 학습 내용을 구성한다."는 계열화 원칙에 비추어 중등교육의 경우 중학교 〈역사〉를 기반으로 고등학교 〈한국사〉가 구성되어야 하며, 선택과목인 〈동아시아사〉와 〈세계사〉도 그 속에서 자리매김되어야 하는 것이다. 그러나 2011 역사과 교육과정 개발은 짧은 개발 기간 속에서 추진위가 제시한 한국사 영역의 계열화 방안에 대처하느라, 2011 개정 〈동아시아사〉 교육과정 연구진은 계열화에 대한 중요성을 인식하였음에도 형식적인 1차례 전체 회의로 끝나고 말았다.

〈동아시아사〉의 시기 구분은 중학교 〈역사〉의 세계사 영역과 고등학교 〈세계사〉 시기 구분에 시사점을 주었다. 〈동아시아사〉의 경우 기존의 시기 구분법 대신 동아시아의 중요한 사회 변화에 따라 구성하지만, 중학교 〈역사〉의 세계사 영역과 고등학교 〈세계사〉의 경우 고대, 중세, 근대 등의 시대명만 삭제했을

뿐 여전히 서양의 시기 구분에 의하여 다른 지역의 역사를 구분하고 있다. 예를 들어, 전근대의 경우 고등학교 〈세계사〉에서는 중국의 삼국시대~송·원을 하나의 시대로 서술하고 고등학교 〈동아시아사〉에서는 당·송 변혁에 의미를 두는 '송대 이후 근세론*'에 입각하여 5호 16국~당, 송/요~명으로 시기를 구분하였다. 근현대의 경우도 중학교 〈역사〉와 고등학교 〈세계사〉에 '제1차 세계대전'을 기점으로 근현대사를 구분한 반면에 〈동아시아사〉는 1945년대를 기점으로 근현대사를 구분하고 있다.

고등학교 〈세계사〉에서 중국의 삼국시대~송·원 시대까지 하나의 시대로 파악하는 역사 인식은 송대에 만들어진 중국 근세 사회의 모델은 단순히 중국의 경우만이 아니라 조선, 베트남, 일본 등 동아시아의 여러 나라가 독자적인 자국의 역사를 발전시키는 데 큰 영향을 미쳤음에도 불구하고 중세적 율령 체제만을 동아시아 정치 체제의 이상으로 모델화하며, 성리학적 세계의 출현을 상대적으로 저평가하는 문제점이 있다. 또한, 중학교 〈역사〉와 고등학교 〈세계사〉에서 '제1차 세계대전'의 시기를 구분하는 것은 서구 근대국가의 식민화 압력을 받은 동아시아 지역에서 일본만이 국민 국가 형성에 성공하였고, 다른 국가들은 실패했다는 단순 비교의 문제가 있으므로, 〈중학교〉 역사와 고등학교 〈세계사〉의 시기 구분은 〈동아시아사〉의 시기 구분을 검토해 볼 필요가 있다.

---

* 송대 이후를 '근세'로 볼 때, 정치 체제로서 황제 전제 권력이 확립되었다는 것이다. 특히 관료를 선발하는 객관적인 과거를 통한 능력 중심주의, 이를 매개로 형성된 사대부, 이들을 정당화하는 이데올로기로서 성리학의 발달을 배경으로 성립하였다는 점에서 이전 황제 권력과 큰 차이가 있다. 그리고 이러한 변화를 가능하게 한 토대는 강남개발과 그에 따른 경제성장, 그리고 이를 배경으로 하는 서민층의 성장이다(홍성구, 「'새로운' 세계사 구현을 위한 대안 모색」, 『歷史教育』 142, 2017, pp.44~47.).

2) 2011 개정 〈동아시아사〉 교육과정 내용 논의

(1) 중국사 중심의 내용 문제와 조정

앞에서 2011 개정 〈동아시아사〉 교육과정 개정 필요성에서 언급한 것과 같이, 2011 개정 〈동아시아사〉 교육과정은 "〈동아시아사〉 신설 이후 축적된 학계의 연구 성과와 교과서 집필 과정에서 나온 제언들을 기왕의 교육과정에 반영하여야 한다.""는 점에서 대단원명이 전체적으로 수정되었다. 성취기준 중에서는 중국사의 시대적 변화를 파악하는 데 유효한 요소라는 비판을 받은 내용 중심으로 수정·보완이 이루어졌다.

> 이전 교육과정 대단원명을 검토한 결과 해당 시대의 성격을 보여준다고 하기에는 너무 일반적인 것들이 있었어요. 예를 들어 2단원 인구 이동과 문화의 교류나 3단원 생산력의 발전과 지배층의 교체 같은 것들이지요. 인구 이동이나 생산력 발전이 그 시기에만 일어나는 것도 아니고……
> — 심층 면담, 2011 개정 〈동아시아사〉 교육과정 연구자 A

> 인구이동의 경우 교과서를 살펴보면 고조선 유민의 신라를 세운 이야기, 5호16국, 한반도 도래인의 일본 정착 등을 적시하였습니다. 이런 내용들은 중국의 경우에 끼어 맞춘 것이 아닌가 싶었어요. 그런데 교육과정 대단원명으로 명시가 되었으니……
> — 심층 면담, 2011 개정 〈동아시아사〉 교육과정 연구자 D

2011 개정 〈동아시아사〉 교육과정 연구진은 이전 교육과정의 대단원명이 해당 시대에 대한 역사상이 부족하고, 해당 시대의 성격을 보여주기 어려우며, 일반적인 것으로 제시되었다고 파악했다. 결국, 대단원명은 회의 및 공청회를

걸쳐 〈표 Ⅲ-4〉와 같이 확정되었다.

〈표 Ⅲ-4〉 〈동아시아사〉 교육과정 개정에 따른 단원명 변화

2007(9) 개정 〈동아시아사〉 교육과정	공청회 시안	2011 개정 〈동아시아사〉 교육과정
Ⅰ. 동아시아 역사의 시작 (선사-기원 전후)	Ⅰ. **동아시아** 역사의 여명 (선사-기원 전후)	Ⅰ. **국가의 형성** (선사-기원 전후)
Ⅱ. 인구 이동과 문화의 교류 (기원 전후-10세기)	Ⅱ. **동아시아** 세계의 성립 (기원 전후-10세기)	Ⅱ. 동아시아 세계의 성립 (기원 전후-10세기)
Ⅲ. 생산력의 발전과 지배층의 교체 (10-16세기)	Ⅲ. **동아시아** 사회의 변화 (10-16세기)	Ⅲ. 국제 관계의 변화와 지배층의 재편 (10-16세기)
Ⅳ. 국제질서의 변화와 독자적 전통의 형성 (16-19세기)	Ⅳ. **동아시아 사회의 성숙** (16-19세기)	Ⅳ. **동아시아 사회의 지속과 변화** (16-19세기)
Ⅴ. 국민 국가의 모색 (19세기-1910년)	Ⅴ. 근대 국가 수립의 모색 (19세기-1910년)	Ⅴ. 근대 국가 수립의 모색 (19세기-1910년)
Ⅵ. 오늘날의 동아시아 (1945년 이후)	Ⅵ. 오늘날의 **동아시아** (1945년 이후)	Ⅵ. 오늘날의 동아시아 (1945년 이후)

〈표 Ⅲ-4〉에서 알 수 있듯이 대단원명은 공청회를 거치며 변화하였다. 공청회 시안에서는 '동아시아'를 키워드로 하여 '여명', '성립' 등 해석적 개념을 붙였으나 공청회 후 대대적으로 변화한 것이다. 추진위에서는 변화/성숙 등의 개념이 같은 의미로 볼 수 있기 때문에 명확한 차이를 보이는 용어로 조정할 필요가 있다고 지적하였으며,[12] 특히, 'Ⅰ. 동아시아 역사의 여명'을 'Ⅰ. 국가의 성립과 발전'으로 제안하였다.[13] 공청회 과정에서 토론자는 Ⅳ. 단원에서 '성숙'이라는 표현은 이후 동아시아는 정체한 듯한 인상을 주므로 16세기 이래의 세계사적 변화와 맞물려 동아시아사 사회의 '재편'으로 수정할 것을 요구하였다.[14] 〈동아시아사〉 교육과정 연구진은 이러한 지적을 토대로 대단원명을 수정하였다.

공청회 후 대단원명에 대한 전체적인 검토를 다시 진행하였습니다. 대단원 1, 2의 경우는 동아시아의 권역이 이 시기에 확립되었다고 할 수 있는가? 에 대한 고민을 대단원 3의 경우는 '변화'라는 개념을 쓸 만큼 당시 한국사회의 변화가 있었는가? 에 대한 고민을 했습니다. 이 시기 단순히 한국의 경우 왕조 교체 정도밖에는 변화가 없었다는 것이 결론이었습니다. 그래서 차라리 변화 내용을 전면으로 꺼내자! 라고 판단하였습니다.

— 심층 면담, 2011 개정 〈동아시아사〉 교육과정 연구자, D

그런데도 대단원명에 대한 문제점은 여전하였다. 문제점은 다음 세 가지로 요약할 수 있다. 첫째, 과목의 목표에 부합하지 않거나, 교육과정 해설서와 괴리가 있다. 'I. 국가의 형성'은 일국사를 넘어선 동아시아 지역사를 강조하는 과목의 목표와 부합하지 않으며, 'V. 근대 국가 수립의 모색'은 시대 명칭을 사용하여 교육과정 고시 후 개발된 교육과정 해설서에서 "대단원명은 시대 구분적 성격이 강한 용어를 피하도록" 제안된 것과 일치하지 않았다. 'V. 근대 국가 수립의 모색'은 유일하게 시대 명칭을 사용하여 전체적으로 불균형한 형태를 도출하고 있다.

'근대'라는 단어를 쓴 것은 연구진의 오랜 고심 끝에 내린 결론이었습니다. 근대라는 개념을 시대구분 명칭으로 사용했다기보다는…… 전통사회와 현대사회를 구분할 때 필요한 '특징'으로 선택한 단어였습니다. 물론 문제점도 있죠. 그래도 시대성을 넘을 수 있겠는가……하는 생각들도 있었고…… 이미 비판받을 것이라는 것을 연구진은 알고 있었지만 대안이……

— 심층 면담, 2011 개정 〈동아시아사〉 교육과정 연구자 C

국민 국가도 검토해 봤는데 다의적이라서…… 국민이 없는 국가도 있을 수 있고, 국가가 없는 국민도 있을 수 있고…… 결국 비대칭적인 동아시아를 더욱 비대칭적으로 만들 수 있다는 이야기도 있었습니다. 그래서 결국 근대국가를 선택했는데, 시대구분에서 사용하는 '근대'라고 하기보다는 개항 이후 서양과의 관계를 설명할 때 '근대적 관계'의 입장에서 설명하면 좋겠다는 생각에서의 접근이었어요.

– 심층 면담, 2011 개정 〈동아시아사〉 교육과정 연구자 A

심층 면담에 따르면 2007 개정 〈동아시아사〉 교육과정에서 사용한 '국민 국가'는 국민과 국가라는 두 낱말이 합쳐진 것이었다. 일본의 경우 하급 사무라이들이 천황을 내세워 입헌군주국을 수립하고 신민들을 국민으로 규정한 것처럼 국가(권력)에 의해 만들어내고 규정되는 국민도 있으며, 프랑스 시민들이 혁명을 통해 자신들이 주도하는 국가를 수립하고 국민으로 주권을 선언한 경우처럼 스스로 국민임을 선언하는 경우도 있다.[15] 이처럼 국민 국가라고 하더라고 연구진의 지적처럼 그 내용과 형식이 일치하는 것이 아니다. 그리고 2009 개정 교육과정 〈한국사〉에 의해 출판된 고등학교 『한국사』에서는 '국민 국가'가 아닌 '근대 국가'를 사용하고 있어 용어의 불일치가 일어나고 있었다. 이것에 대한 보완으로 천재교육에서는 국민 국가에 대한 용어 설명을 만화로 그려 이해를 도우려 했지만, 교학사의 경우는 별도의 지면을 할애하지 않아 과목 사이의 연계에 대한 고려가 부족하다는 점을 비판받았다.[16]

이러한 상황에서 연구진이 선택한 용어 '근대 국가'는 과목 사이의 연계성 문제가 해결되고,* 다양한 종류의 국민 국가가 있다는 점은 해결되었지만, 시대 명칭을 사용하여 생기는 불균형은 해소되지 못하였다. 또한, 근대사 교육은 근

---

* 2011 개정 〈동아시아사〉 교육과정과 동시에 개발된 고등학교 〈한국사〉의 경우도 '국민 국가'가 아닌 '근대 국가'를 사용하였다.

대의 성취를 위한 노력과 함께 그 극복을 위한 전망을 함께 살펴야 한다. 그러나 '근대 국가'와 '근대화 운동'이 단원 과 장 제목으로 강조됨으로써, 근대주의적 시각이 두드러졌다는 비판[17] 역시 다음 개정 때 논의되어야 하는 문제가 되었다.

둘째, 'Ⅱ. 동아시아 세계의 성립'과 'Ⅳ. 동아시아 사회의 지속과 변화'같은 역사의 계기성을 부각한 대단원과 'Ⅰ. 국가의 형성'과 'Ⅲ. 국제 관계의 변화와 지배층의 재편'처럼 주제사를 도출한 대단원명이 공존한다는 점이다. 이에 대해 연구진은 개정 방향을 소폭 수정하는 것으로 결정하였기 때문에 어려웠다고 토로하였다.

> 대단원명이 일관성이 없다는 비판은 당연합니다. 기존 교육과정을 소폭·수정하다 보니 흐름을 잡기가 쉬운 일이 아니었습니다. 차라리 전체적으로 다시 교육과정을 만든다면 모를까.
> — 심층 면담, 2011 개정 〈동아시아사〉 교육과정 연구자 D

셋째, 이전 교육과정의 대단원명과 의미상 많은 차이가 있는 대단원명으로 변경했지만 그래도 그 차이가 유의미하게 드러나지 않았다는 것이다. 예를 들어, 'Ⅲ. 생산력의 발전과 지배층의 교체'에서 'Ⅲ. 국제관계 변화와 지배층의 재편'으로 변경되면서 키워드가 '생산력'에서 '국제관계'로 크게 변화하였다. 이것은 앞서 언급한 '소농 경영'과 '농업생산력의 발전'이라는 주제가 빠진 것과 연결된다. 그러나 10세기 전후 유목민족의 성장에 따른 결과에 대해 국제 '관계'의 변화와 지배층의 '재편'이라는 용어를 사용하였지만, 내포하는 단어의 변화에도 내용상으로는 크게 고려되지 않았다.[18] 위에서 살펴본 바와 같이 여전히 일정 시기 동아시아 지역의 다양성을 포괄하여 하나의 명칭으로 집약하기 어려운 한계가 2011년 개정에서도 되풀이되고 있음을 알 수 있다.

〈표 Ⅲ-3〉을 중심으로 성취기준 변화를 살펴보면, '은 유통', '소농 경영', '사대부와 무사' 같은 것들이 있다. 이중 〈동아시아사〉 교육과정 연구진이 가장 먼저 언급한 것은 '은 유통'이었다. '은 유통'은 글로벌 히스토리 연구자들의 주된 관심 분야 중 하나로 국가나 지역을 초월하는 초지역성과 유동성이 특징이다. 명 왕조의 멸망은 정치적 요인으로만 설명할 수 없으며, 당시 세계적 통화 체제인 '은 유통'과 연결지어 설명하여야 한다. 또한, 이것은 중국의 '17세기 위기론'과 연결된다. 물론, 이에 대한 부정적인 견해도 있지만, '은 유통'은 세계사적인 맥락과 연결된 동아시아를 그려내는 동시에 이를 '유럽 중심주의적' 시각에서 해방할 수 있는 소재로 부각되었다. 그러나 동아시아를 강조하면서도 한국의 역할이 빠져 있어, 결국은 중국 중심주의에서 벗어나지 못한다는 학계의 비판을 받은 것이다.[19] 또한, '은 유통'의 경우 '소농 경영'과 함께 교사들이 가르치기도 어렵고 학생들이 이해하기 어려운 대표적인 주제*로 지적되었다.

2011 개정 〈동아시아사〉 교육과정 연구진은 '은 유통'이 조선과 직접적인 관련이 없어 한국이 소외되는 문제, 그로 인하여 중국 중심주의의 시각으로 연결될 수 있는 문제, "은 유통의 활성화와 동아시아 교역망의 발달, 서구와의 교류를 이해한다."는 진술 방식이 서로 이질적인 주제가 병렬되어 있다는 세 가지 이유에서 수정이 필요하다고 판단하였다.

> 서양과 은을 매개로 교역하는 것은 일본이 보는 동아시아 상이 너무 강하다.

---

* 연구에 따르면 교사들이 보기에 학생들에게 너무 어려운 주제로는 '소농 경영', '성리학', '은 유통과 교역망'을 암기 부담이 큰 주제는 '선사 문화', '통치 체제', '국내외 교역'을 꼽았다(김유리·신성곤, 앞의 논문, p.5.).

은을 뒤로 보내는 것도 중국의 입장이다. 두 경우 우리나라가 소외되는 문제가
있다.

- 회의록, 2011 개정 〈동아시아사〉 교육과정 연구자

성취기준의 진술방식에서도 은 유통의 활성화, 동아시아 교역망의 발달, 서
구와 교류 등 서로 이질적인 주제가 병렬되어 있어요. '교역망'이라든지 '은 유
통'이라든지 학습자들이 다소 어렵게 느낄 만한 단어를 삭제하는 것이 바람직하
다고 생각했어요.

- 심층 면담, 2011 개정 〈동아시아사〉 교육과정 연구자 D

　이러한 연구진의 판단은 2007 개정 〈동아시아사〉 교육과정에 의해 집필된
『동아시아사』 서술을 보면 의미가 있다. 교학사의 경우 '교역망의 발달과 은 유
통'으로 천재교육의 경우 '은 유통과 교역망'이라는 중단원 제목으로 각각 제시
되었지만, 조선과 직접적 관계가 없기 때문에 은을 매개로 한 삼국의 교류가 아
닌 각국의 '은 유통'을 병렬적으로 서술하거나 유럽과 중국 사이의 무역이 상세
히 서술되어 한국은 소외된 형태로 서술되었다.* 안드레 군더 프랑크의 연구에
서 주목받은 '은 유통'은 동아시아를 강조하면서 한국의 역할이 빠져 있어, 결
국은 중국 중심주의로 복귀하는 것처럼 해석될 위험성이 농후하다는 학계의 우
려가 교과서에 그대로 적용된 것이다.

---

* 　천재교육에서는 '교역망의 발달과 은 유통'이라는 제목 아래 동아시아의 교역망이 확대되는 가운
　데 은이 개입됨으로써 세계 경제와 연결되는 논지로, 교학사에서는 '은 유통과 교역망'이라는 제
　목 아래 은 유통의 확대가 동아시아 교역망을 활성화했다는 논지로 서술하고 있다. 결국, 천재교
　육은 서구와의 교류에 방점을 교학사는 은 유통에 방점을 찍고 있다. 다만, 천재에서는 조선의 은
　유통에 대한 본문 서술이 없으며, 교학사에서는 중국 · 일본 · 조선의 은 유통을 국가별로 병렬적
　으로 서술하였다(손승철 외, 『동아시아사』, 교학사, 2011, pp.122~131; 안병우 외, 『동아시아사』,
　천재교육, 2011, pp.142~151.).

그럼에도 '은 유통의 활성화'는 완전히 삭제되는 대신, 내용 요소에서 삭제하고 성취기준에서는 위치를 조정하는 선에서 축소 조정되었다. 연구진은 '은 유통'이 비록 조선과의 직접적인 관계는 없더라도 당시 조선 후기를 이해하는 데 좋은 역할을 한다는 점과 결국 '은 유통'을 중심으로 16세기가 유라시아 규모의 세계 경제라는 틀에 내실이 다져지면서 지구적 차원에서 동아시아의 경제를 논할 수 있게 된 의미 있는 시기라는 점[20]에서 '은 유통'은 삭제되지 않고 축소·조정한 것이다. 다만, 성취기준의 위치는 2007 개정 〈동아시아사〉 교육과정에서 'IV-2. 은 유통의 활성화와 동아시아 교역망의 발달, 서구와의 교류를 이해한다.'였던 것을 'IV-4. 동아시아 지역 내의 교역 관계가 변화하고, 은을 매개로 서구와 교류하였음을 이해한다.'로 성취기준의 위치를 변경하여 다음 대단원에서 제국주의 침략과 개항으로 이어지는 국제 관계의 변화에 대한 전제로써 이해하도록 하였다.[21]

'은 유통'의 경우 광의의 동아시아(유용태는 동북아시아를 가리키는 협의의 동아시아와 동남아시아까지 포함하는 광의의 동아시아로 구분하였다)에서는 중요한 주제다. 10-16세기 농업과 상공업의 발전 위에서 17-18세기 한·중·일 3국의 사회경제가 바다 출입을 금지한 해금정책이 실시되는 가운데서도 내외의 상호 연관 속에 어떻게 새로운 모습을 보이는지를 다룬다면, 유럽중심주의에 의해 왜곡되고 폄하된 동아시아 역사상을 비판적으로 재구성하려는 최근 문제의식을 살릴 수 있다.[22] 그러므로 단순히 '은 유통'을 10-16세기를 이해하는 요소가 아니라 17-18세기의 동아시아를 이해하는 매개로써 접근한다면 적어도 한국의 소외된다는 비판과 중국 중심주의라는 비판은 해결된다.

'소농 경영'은 연구진의 큰 논의 없이 삭제하는 것으로 의견이 일치되었다.

'소농 경영'이라는 개념어가 교육과정에 등장하는 것을 지양하는 방안이 좋지 않을까 하는 것이 개인적 견해이다. '소농 경영'이라는 표현은 한국사의 경우 상당히 논란을 불러일으킬 수 있다.

　　　　　　　　　　　　　- 심층 면담, 2011 개정 〈동아시아사〉 교육과정 연구자 D

'소농 경영'은 해당 시기의 고려 · 조선과 일본의 경제 상황에 직접 적용하는 데는 여러 논란이 있으며, 일본의 '장원공령제'에 대한 기술에 사실적 오류도 확인되는 등 고등학교 수준에 적절한 것인지에 대한 반론도 제기되었기 때문이다.[23] 결국, 송대(宋代) 이후 중국의 경제적 변화상을 설명하기 위하여 사용한 용어지만 정의 자체에도 논란이 많은 용어였다.[*] 물론 새로운 지배층 등장의 배경에 '생산력 발전'은 당연히 전제되어야 하지만, '소농 경영'은 학계에서 정리되지 않은 용어이므로 2011 개정 〈동아시아사〉 교육과정 연구진은 사용을 지양한 것이다.[**] 대신, '무신과 무인'은 '사대부'와 '무사'로 구체화하고 이들이 등장하게 된 '사회 · 경제적 배경'을 살피게 하는 방식으로 성취기준을 정리하였다.

　　'문신', '무인'이 새로운 지배층이라고 할 정도로 특별한 개념을 담고 있는

---

[*]　소농 사회론은 아직 가설 수준에 머물러 있다. 무엇보다도 소농사회라는 개념이 체제개념으로 정립되지 못하였고 이 가설을 뒷받침할 실증적 작업이 세세하게 수행되지 못하였기 때문이다. 어느 시기에나 소농민의 경영은 존재하였지만, 소농민의 개념을 어떻게 정의할 것인지, 그리고 소농민 경영이 어느 시기에 지배적 경영형태로 성립하고 존재, 붕괴하였는지, 그리고 그 요인은 무엇인지 등에 관하여는 의견이 일치하지 않고 있다(안병우, 「농업생산력의 발전과 소농 경영」, 『동아시아사 교과서 집필 안내서』, 2009, p.127.).

[**]　10세기 전후부터 16세기 전후까지 농업생산력이 증대하고 그에 의해 상업과 수공업이 발전함으로써 17-18세기 동아시아 각국의 인구 급증을 떠받친 사정은 이 시기의 핵심이며, 경지 대부분을 지주가 소유한 경우에도 그 경작은 개별 소작농의 소규모 영농으로 이루어졌으므로 자경농을 포함한 소농의 역할에 주목할 필요는 있다(유용태, 앞의 책, 2017, p.114).

용어인지…… 아마도 일본의 경우를 염두에 두고 '무인'이라는 표현을 사용한 것으로 보이는데…… 구체화하는 것이 맞지 않나……

– 심층 면담, 2011 개정 〈동아시아사〉 교육과정 연구자 D

그러나 이 성취기준은 세 가지 문제점을 발생시켰다. 첫째, 교육과정 고시 후 개발된 『동아시아사』 집필기준에서 '소농 경영'이 다시 등장하여 교육과정과 집필기준 사이의 불일치가 나타났다. 성취기준에서 '(사대부와 무사가 새로운 지배층으로 등장하게 된) 사회·경제적 배경'을 집필기준 연구진은 '농업 생산력의 발전을 대규모의 영농과 소농 경영의 안정'으로 제시한 것이다. 성취기준과 집필기준의 불일치는 교육과정 개발에 참여한 연구진과 집필기준을 개발한 연구진이 서로 달랐기 때문이었다. 교육과정에서 어떠한 논의가 있었고 어떠한 의도로 용어가 변경·삭제되었는지 등에 대한 집필기준 연구진의 이해가 부족했기 때문이다.[*] 교육과정 성취기준과 집필기준의 불일치는 교과서 집필진에게 부담으로 남았다. 실제 2011 개정 〈동아시아사〉 교육과정에 의해 집필된 『동아시아사』 3종 모두 집필기준에 따라 농업 생산력의 발달로 소농 경영이 보편화되었다고 집필하였다. 동아시아사의 소농 경영의 지역별 차이가 있으며, 소농 경제 개념이 합의되지 못하고 있는 관계로 교과서에서 통일된 서술을 할 수 없음에도 불구하고, 이전 개정 『동아시아사』 서술보다는 축소되었지만, 소농 경영이 서술됨으로써 교과서 오류는 여전히 반복되고 있었다. 그러므로 2011

---

[*] 김유리·신성곤의 연구에 따르면 교육과학기술부는 〈동아시아사〉 교육과정 위원장이었던 박근칠 교수를 위원장으로 하는 집필기준 개발 위원회를 구성·개발하여, 2011년 11월 21일 교과부에 제출하였으나, 역사 교육과정 개발추진위원회가 집필기준안 심의과정에서 집필기준안이 거부되었다. 이에 집필기준안 공동 연구원은 모두 사퇴하고, 추진위 측의 주도로 작성된 집필기준안이 2011년 11월 26일 확정·고시되었다(김유리·신성곤, 앞의 논문, pp.13~14.).

개정 〈동아시아사〉 교육과정 연구진의 의도는 집필기준에서 구현되지 못하였으며, 교과서 집필진은 교육과정과 집필기준 사이에서 선택해야 했다.

둘째, '문신과 무인'을 '사대부와 무사'로 구체화하는 과정에서 한국, 중국, 일본의 지배계층을 사대부와 무사로 통칭하며 문제점이 나타났다. 심층 면담에 따르면 'Ⅲ. 국제 관계 변화와 지배층 재편'의 시대 범위가 10세기~16세기인 것을 고려하여 구체화하였으나, 교과서 서술에서 문제점이 나타났다. 사대부가 대단원, 중단원, 소단원의 제목과 본문에서 설명 없이 다양한 의미로 사용됨에 따라 개념상의 혼동이 일어났다. 예를 들어, 교학사의 경우 '과거제와 사대부의 성장'이라는 소단원 제목을 사용하고 본문에서는 다시 송대의 사대부라는 표현과 함께 명대의 신사, 조선의 사림까지 모두 서술하고 있다. 제목에서 사대부를 넓은 개념으로 중국의 관리계층으로 제시하였다면 그 사대부와 송대의 사대부가 어떻게 다른지 설명이 필요하며, 만약 제목에서 좁은 개념으로 송대의 지배층이었던 사대부로 사용하였다면 본문 속에서 서술된 명대의 신사, 고려 말의 신진사대부, 조선의 사림이 모두 사대부라는 되었다.

또한, 무사 역시 일본의 무사가 중국과 한국에는 존재하지 않았기 때문에, 고려 시대 호족이나 무신정권이 서술될 위치가 애매해졌다. 결국 교학사는 고려의 호족·문벌 귀족, 무신 정권 등을 "과거제와 사대부의 성장" 본문 속에서 서술하는 문제점이 발생하였고, 비상은 "과거제와 문신 관료의 등장"과 "무인의 성장과 무신 정권의 성립"이라는 제목을 사용하여 이전 교육과정과 차이가 없는 구성을 하였다. 따라서 이전의 '문신과 무인'이 동아시아 각국의 지배층을 비교사적 시각에서 파악한다는 〈동아시아사〉의 취지에 더 부합됨을 알 수 있다.

셋째, 집필기준에서 소농 경영이 '사대부와 무사'의 경제적 배경으로 제시되는 오류로 인하여, 선후 관계가 맞지 않는 시기상의 오류가 생겼다. 조선 사대부의 등장은 여말선초인데 소농 경영의 안정은 조선 중기이다. 또한, 일본의 무사가 전국적인 패권을 가진 가마쿠라 막부의 등장은 12세기인데 일본의 소농 경영의 등장과 안정은 16세기 에도 막부라는 점[24]에서 2011 개정 〈동아시아사〉 교육과정 연구진이 성취기준으로 제시한 '사대부와 무사가 새로운 지배층으로 등장하게 된 사회 · 경제적 배경을 살피고'가 시기상 성립되기 어려운 것이다.

2011 개정 〈동아시아사〉 교육과정에서 '임진전쟁'과 '병자전쟁'을 사용함으로 인해 〈한국사〉와의 용어 불일치는 계속되었다. 〈동아시아사〉 신설 당시 논란이 되었던 이 용어들은 2011 개정 〈동아시아사〉 교육과정에서도 사용됨에 따라 '임진왜란'과 '병자호란'을 사용하고 있는 다른 과목과의 불일치로 학생들에게 혼란을 줄 수 있다는 비판[25]을 받았다. 그러나 현장에서는 '임진왜란'과 '병자호란'을 '임진전쟁'과 '병자전쟁'으로 바꾼 것에 대해 학생들이 충격을 받거나 새로운 역사 인식으로 받아들였다는 연구도 나왔다.[26] 이러한 상반된 상황 속에서 2011 개정 〈동아시아사〉 교육과정 연구진 사이에서도 '임진전쟁'과 '병자전쟁'의 용어 사용에 문제제기가 나타났다. 연구진은 '17세기 동아시아 전쟁'이라고 고유명사화 하는 것이 가능한 것인가라는 문제인식과 편수용어가 학습자에게 미치는 영향에 대한 고민을 갖고 있었다.

'17세기 동아시아 전쟁'이라고 고유명사(화하여) 처리하는 것은 문제가 있습니다. 14세기에도 동아시아에는 몽골제국이라는 거대한 세력의 등장으로 전 지역적 전쟁이 있었습니다. 그런 의미에서 '동아시아 전쟁'이라고 기술하는 것이 타당한지 의문이 듭니다. '병자전쟁'과 '임진전쟁'의 경우 편수용어가 학습자들에게 '바이블'처럼 인식되는 상황을 고려한다면 그리 만만한 문제는 아닌 것 같습니다.

 - 심층 면담, 2011 개정 〈동아시아사〉 교육과정 연구자 D

역사 연구에서 특정한 사건을 지칭하는 용어는 그 사건의 성격과 의미를 규정하는 만큼 매우 중요하다. 역사 용어는 그 사건에 이름을 부여하는 사람의 역사 인식을 반영한다. '임진왜란'과 '병자호란'은 전쟁을 배우면서 평화를 생각할 수 있는 중요한 주제이며, 동아시아 세계에서 갖는 국제전의 의미가 있다. 연구진의 지적처럼 그것이 '일반적으로 교과서에서 사용된 용어(즉, 왜란, 호란)'가 아닐 경우 역사 인식의 불필요한 혼란을 지양하는 노력이 필요한 것은 사실이다. 그러나 '왜란'과 '호란'은 '개방적인 관점'과 '타자의 역사와 문화를 폭넓게 이해'하는 용어이기보다는 한국사적인 관점이 반영된 용어이다. 따라서 전란극복사의 관점이 아닌 동아시아 세계에서 갖는 국제전적인 의미를 제대로 파악하기 위해서는 전쟁이라는 용어가 〈동아시아사〉 과목의 목적과 더 부합한다. 그러므로 2011 개정 〈동아시아사〉 교육과정 연구진의 용어 불일치는 학습적 측면에서 일정 부분 공감을 받았으나, 결국 〈동아시아사〉 과목의 목적과 목표에 부합한다는 판단 아래 수정 없이 그대로 남게 되었다.

(2) 베트남사의 학교 수업 적용 문제

2011 개정 〈동아시아사〉 교육과정 개발 과정에서 동아시아사 서술 시각과 범주에 대해 논의가 없지는 않았다. 그러나 이것은 2007 개정 〈동아시아사〉 교육과정 때처럼 내용 논의의 중점은 아니었다.

교육과정에 참여한 연구진은 이전 교육과정의 '지역사로의 동아시아사'나 동아시아사 범주에 대한 이견은 없었습니다. 다만 성취기준에서 동아시아사 범주를 어느 정도 언급하느냐에 대한 고민은 있었습니다.

－ 심층 면담, 2011 개정 〈동아시아사〉 교육과정 연구자 B

심층 면담의 연구진이 지적한 성취기준에 있어 〈동아시아사〉 범주는 결국 베트남이었다. 이전 〈동아시아사〉 교육과정에서 공간적 범주는 정확히 명시하지 않았지만, 성취기준에서 언급된 국가는 한·중·일 삼국과 몽골·베트남이었다. 이 중 교육과정에서 언급 여부가 논의되었던 '뜨거운 감자' 베트남은 2011 개정 〈동아시아사〉 교육과정 성취기준에서 사라졌다. 베트남이 성취기준에서 사라진 이유는 베트남에 대한 언급을 자제함으로써 학습자에 대한 부담감을 줄여주자는 이유와 교과서에서 과도하게 서술되어 있는 베트남사를 교과서 집필진들에게 풀어주자는 이유 두 가지였다.

> 결국 이전 교육과정에서 현대의 관련성 때문에 베트남이 강조된 것으로 보이는데 당시 의견은 '열어놓자' 라는 것이었습니다. 가급적이면 베트남에 대한 언급을 자제함으로써 학습자에 대한 부담감을 줄이자는 것이지요. 교육과정에서의 언급이 교과서에 미치는 영향은 크니까요.
>
> — 심층 면담, 2011 개정 〈동아시아사〉 교육과정 연구자 C

> 베트남이 동아시아사 범주에 포함된다는 것에 반대하는 연구진은 없었습니다. 그러나, 이것이 성취기준에 노출되는 것은 다른 문제입니다. 이전 교육과정에서 베트남은 대단원 6 '오늘날의 동아시아'에서 베트남 전쟁으로 언급되었는데 교육과정에 따른 교과서를 살펴보니 너무 과도하게 베트남이 전 시대에 걸쳐 서술되었다는 생각이었습니다. 다른 한 가지는 범위에 해당하는 국가를 교과서 집필진에게 '풀어주자'는 생각도 있었습니다. 교육과정 수준에서 국가에 대한 언급이 없다면 집필진이 동남아시아에 관한 서술이 조금 더 자유로울 수 있다는 개인적인 생각도 있습니다.
>
> — 심층 면담, 2011 개정 〈동아시아사〉 교육과정 연구자 B

실제로 베트남의 경우 연구진의 의도가 교과서 집필에 일정 부분 반영되었다. 이전 2007 개정 〈동아시아사〉 교육과정에 의하여 출판된 교과서 중 천재교육의 경우 전 시대에 걸쳐 베트남사에 관해 서술되었다. 중단원 26개 중 25개의 단원(96%), 소단원 81개 중 46개의 소단원(57%)에서 베트남에 대해 서술한 것이다. 그러나 2011 개정 〈동아시아사〉 교육과정에 의하여 출판된 천재교육의 경우 같은 집필진에 의하여 집필되었음에도 중단원 23개 중 21개의 단원(91%), 소단원 71개 중 40개의 소단원(56%)에서 베트남사가 서술되었으며, 본문 속 베트남의 서술 분량도 확연히 줄어들었다. 동아시아 범주에 베트남이 포함되어야 한다는 연구진의 공감대와는 별도로 교사들은 베트남사에 대한 부담감이 존재했다. 베트남사를 접할 기회가 없었기 때문에 설명하기 쉽지 않으며, 참고할 자료가 많지 않다는 점을 어려움으로 토로했다. 그러므로 전 시대에 걸쳐 서술된 베트남을 가르친다는 것이 교사들 입장에서는 부담스러울 수밖에 없다. 2011 개정 〈동아시아사〉 교육과정 연구진은 이러한 교사들의 어려움을 반영하여 베트남 부분을 조절한 것이다.

그러나 베트남의 축소는 동아시아의 평화와 공존이라는 과목의 취지와 부합하지 않는다는 원론적 비판을 제외하더라도, 2011 개정 〈동아시아사〉 교육과정 연구진의 의도와는 다르게 교과서로 구현되는 과정에서 베트남사의 흐름을 이해하는 데 부족하다는 문제가 제기될 수 있다. 실제로 〈동아시아사〉가 교육 현장에 적용된 후 베트남사의 가장 큰 문제점으로 지적된 것은 교과서 서술이 맥락상 자연스럽게 연결되지 못해 학생들의 이해를 가로막는다는 점이었다. 연구에서 한 학생은 베트남사는 나타나는가 싶으면 사라지고 잊을 듯하면 다시 등장한다고 문제점을 토로하였다.[27] 중학교에서 배운 각 국사의 통사 지식이 빈약한 상태에서 종과 횡으로 시선이 교차하다 보니 학생들이 이해하기 어려우며, 이러한 각국사에 대한 이해 부족은 상호 관계성에 대한 이해로 나아가기가 섭지 않다. 이런 속에서 교과서에서 베트남에 대한 서술은 매우 인색하였다. 전 시대에 걸쳐 서술되었지만, 구색 맞추기 식으로 단원 끝에 두 세줄 서술되어 있으며, 베트남·북부 베트남이라고 서술되었다가 대월, 베트남의 리 왕조 등 지칭하는 용어도 통일되어 있지 못하다. 그러므로 학생이나 교사가 베트남에 대해 갖는 부담감은 2011 개정 〈동아시아사〉 교육과정 연구진이 지적한 과도하게 교과서에 언급된 서술이라기보다는 베트남사에 대한 지식이 부족한 상황에서 『동아시아사』 서술이 불친절한 것이 더 크다고 할 수 있다.

예를 들어, 『동아시아사』에서 베트남 서술 중 가장 많은 분량을 차지하고 있는 베트남 전쟁의 서술은 기존 『한국사』, 『세계사』 서술과 차이가 없으며, 그동안 『한국사』와 『세계사』 서술에서 지적되어 온 문제점을 그대로 답습하고 있다. 베트남 전쟁은 베트남, 미국, 한국뿐만 아니라 세계인들이 집단적으로 공유하고 있는 경험이다. 베트남인들에게는 외세를 막고 독립을 이룬 전쟁이며, 미국에게는 최초로 실패한 전쟁으로, 서구 세계 내부에서 비판적 정신을 부활시키는 계기가 되었다.[28] 베트남 전쟁은 단순히 한국군이 참전한 전쟁이 아니라 동아시아사에서도 세계사에서도 중요한 사건이다. 냉전체제의 주축이 미국과 소련이었음에도 불구하고 갈등을 통한 '열전'이 일어난 곳은 동아시아였으며, 1945년 이후 35년간 진행된 중국, 한국, 베트남에서 발생한 전쟁은 공통점을 지니고 있었다. 따라서 베트남 전쟁을 단순히 하나의 사건이 아니라 냉전체제 하에서의 긴장과 갈등의 폭발이 '주변부'에서 '대리전'으로 이루어진 것으로 국공내전부터 베트남 전쟁까지를 이어서 살펴보아야 한다.

그러나 2011 개정 〈동아시아사〉 교육과정에 의하여 집필된 『동아시아사』의 서술을 살펴보면, 베트남 전쟁의 원인을 "미국의 공산화를 막기 위해"라고 단선·단편적으로 서술하고 있으며,[*] 베트남 전쟁의 결과를 "베트남 민간인"의 희생 문제[**]에 언급하기보다는 단순히 '경제특수론'적 시각에서 서술[***]하고 있다. 또한, 서술 분량이 이전 교육과정에 의하여 집필된 교과서 서술 분량보다 적어지면서 내용상 축소로 인하여, 사실 또는 사건이 나열되는 수준에 불과하였다.

베트남 전쟁은 냉전시대의 미국과 소련, 동아시아 각국이 직·간접적으로 참여한 세계사적 전쟁이며 평화의 관점에서 성찰할 수 있는 중요한 사건이지만 교과서 서술은 이러한 연구를 반영하지 못하고 있다. 베트남 축소에 대한 연구진의 판단은 앞서 살펴본 것과 같이 『동아시아사』가 현장에 보급도 되기 전에 교육과정이 개발되었다는 한계에서 비롯되었음을 알 수 있다. 이와는 다르게 추진위 내에서는 동아시아사 범위 설정에 대한 이견으로 베트남을 범위에서 제외되어야 한다는 의견이 표출되었다. 그러나 교육과정 논의에서 결정하기에 어려움이 있다는 수준에서 정리[29]되고 추후 언급이 없는 것으로 보아 세계사 소위 위원 중 소수 개인적 생각인 것으로 판단된다. 결국, 연구진은 베트남이 교육과정에서 언급됨으로써 교과서에서 과도하게 서술될 것을 고려하여 냉전이라는 단어 속에 포함하여 학습자의 부담을 덜어주려고 하였다. 그러나 2011 개정 〈동아시아사〉 교육과정이 교과서로 집필되는 과정에서 베트남사가 단순히 서

---

[*] 그러나 미국이 베트남의 공산화를 막기 위해 총선거에 개입하였다. …… 이러한 움직임으로 남베트남 정국이 불안해지자 미국은 통킹 만 사건을 조작하였고, 이를 근거로 미국이 북베트남을 폭격하면서 베트남 전쟁이 본격적으로 시작되었다(황진상 외, 앞의 책, p.224).

[**] 유일하게 천재 출판사만이 고엽제 피해, 민간인 학살 문제 등은 아직도 해결되지 않고 있는 전쟁의 후유증이라고 언급하고 있다(안병우 외, 앞의 책, p.205.).

[***] 한국은 베트남 전쟁 특수를 통해 경제 재건 자금을 마련할 수 있었으나, 수많은 젊은이들을 전쟁터에서 잃었다. 그리고 참전 군인들은 고엽제의 후유증에 고통받고 있다. 일본도 전쟁 물자 보급을 통해 경제 호황을 누릴 수 있었다(황진상 외, 앞의 책, 2013, p.224.).

술 분량만 축소되는 결과로 나타나 베트남사에 대한 이해를 더욱 어렵게 만들었다.

이렇게 개정된 2011 개정 〈동아시아사〉 교육과정에 따라 교과서가 집필되었고, 학교 현장에는 2014년부터 사용됨에도 불구하고 교육부는 2013년 다시 교육과정 개정을 추진하였다. 2007 개정 〈동아시아사〉 교육과정이 현장에서 사용하지 못한 채 개정 대상이 되었던 것과 같이 2011 개정 〈동아시아사〉 교육과정 역시 현장에서 충분히 사용되지 못한 채 개정 대상이 되었다.

제4장

이상과 현실의 간극,
2015 개정 〈동아시아사〉 교육과정

1. 2015 개정 〈동아시아사〉 교육과정 누가 만들었을까?

2009 개정 교육과정에 의하여 집필된 교과서가 2014년부터 중등학교 현장에 사용되면서, 2011 개정 〈동아시아사〉 교육과정에 의해 집필된 『동아시아사』 3종이 검정에 통과되어 현장에서 사용되었다. 그러나 이전 교육과정이 현장에 도입된 지 얼마 되지 않았음에도 2015 개정 교육과정이 개발·고시되었고, 〈동아시아사〉 교육과정도 함께 개정되었다. 이전 교육과정이 정착되기도 전에 새로운 교육과정이 발표되는 상황이 반복된 것이다.

2015 개정 교육과정은 '2013 역사교육 강화방안(안)'에서부터 개정의 당위성을 마련하였고, 이것을 바탕으로 2013년 8월 12일 서남수 교육부 장관은 '역사교육 강화방안(2013)'을 발표하였다. '역사교육 강화방안(2013)'의 골자는 한국사 수능 필수과목 지정을 위한 법령 개정을 발의하고 "올바른 역사 인식을 가진 창의 인재 양성"을 목표로 역사교육 강화를 위해 '한국사' 시수 확대·'한국사'를 교과 분리·한국사 관련 평가 인증을 권장 등이 제시되었다. 그러나 '올바른 역사 인식'이 무엇인지는 구체적으로 명시되지는 않았다.

교육부는 2013년 8월 27일 '대입전형 간소화 및 대입제도 발전방안(시안)'을 발표하였다. 이 시안은 '2017학년도 수능 체제 개선안으로 창의적이고 융ㆍ복합적인 인재 양성을 위해, 학생이 균형적인 학습을 할 수 있도록 문ㆍ이과로 구분되어 있는 수능 시험 체제를 개선하는 방안'이었다. 수능 시험 체제를 개선하는 방안으로 '문ㆍ이과 융합안'을 제시하였다. 결국 수능 시험 체제를 개선하기 위해 교육과정이 개정되어야 했다. 2011 개정 교과 교육과정 고시 2년 만에 다시 교육과정 개정이라는 카드가 나온 것이다. 이 시안에서 주목할 것은 "융합"이라는 단어다. 융합에 대한 논의는 과학이나 과학 교육 분야를 중심으로 이루어져 왔으며, 이 시기까지 교육학 특히 교육과정연구에서는 전혀 다뤄지지 않은 준거였다.[1] 이러한 상황에서 '융합'이라는 논의를 연구가 아닌 '시안'에서 촉발시킨 것이다. 이것은 '문ㆍ이과 통합'을 화두삼아 '창의ㆍ융합형 인재 양성'을 위한 방안의 모색으로, 2015 개정 교육과정의 과제로 연결되었다.[2] 교육부는 2013년 10월 25일 교육과정 및 수능체계 개편 추진 일정을 발표하였고,[3] 이를 기점으로 2015 개정 교육 과정 개발 작업이 본격적으로 추진되었다.

새로운 교육과정은 기존 교육과정이 현장에서 사용되면서 나타난 성과와 문제점을 충분히 검토하여 발전적으로 재구성해야 함에도 불구하고, 충분히 검증받을 여지도 없이 2015 개정 교육과정 개발 작업이 시작된 것이다. 2015 개정 교육과정은 초등학교 교과서의 한자병기, 고등학교에서의 〈통합사회〉, 〈통합과학〉 설정뿐만 아니라 『한국사』 국정화 등 사회적으로 큰 관심이 모아졌다. 역사교육과 관련하여 한국사에 관심이 모아지는 상황에서 함께 개발된 2015 개정 〈동아시아사〉 교육과정은 상대적으로 관심을 끌지 못하였다. 그러나 2015 개정 〈동아시아사〉 교육과정 역시 변화가 있었으므로 교육과정 개발에서 어떠한 논의가 있었는지 검토가 필요하다.

우선, 2015년 역사과 교육과정에서 역사 관련 과목의 교육과정은 개발 기관이 국사편찬위원회에서 한국교육과정평가원으로 바뀌었다. 따라서 2015 개정 〈동아시아사〉 교육과정도 다른 교과목과 함께 한국교육과정평가원에서 개발되었다. 한국교육과정평가원의 목적이 "각급 학교의 교육과정을 연구·개발하며 각종 교육평가를 연구·시행함으로써 학교 교육의 질적 향상 및 국가 교육 발전에 이바지함"을 고려해 본다면, 교육과정 전문기관으로서 컨트롤타워 기능의 회복이라고 할 수 있다.

또한, 2015 개정 〈동아시아사〉 교육과정 연구진 섭외에도 변화가 있었다. 연구진 섭외가 〈동아시아사〉 교육과정 연구진이 아니라 '역사과' 교육과정 연구진으로 섭외가 되었으며, 다른 교과보다 늦게 구성되었다는 점이다.

> 교육부에서 직접 연락이 와서 참여하게 되었습니다. 역사과 교육과정 연구진의 섭외가 다른 교과보다 한 달 정도 늦은 것으로 기억이 납니다. 첫 회의에서 섭외가 늦었으니 교육과정 개발을 서둘러 달라고……연구진 구성에 있어 교육부 자체적으로 연구진의 성향을 스크린 하다가 섭외가 늦어지지 않았나……
> - 심층 면담, 2015 개정 〈동아시아사〉 교육과정 연구자 A

교육부에서 연구진의 성향을 고려했다는 점은 당시 정치적 상황을 고려했을 때 가능한 추론이다. 교육과정 연구진이 구성되던 시점은 '교학사 사태'가 일어난 후 『한국사』를 국정화로 발행해야 한다는 목소리가 정치권에서 나오던 때였다. 2015년 1월 14일 편수조직까지 개편하면서 교육부 입장에서는 연구진 성향을 고려할 수밖에 없는 상황이었다.* 또한, 기존 과목별로 교육과정 연구진을

---

* 교육부는 교육과정·교과서를 담당하는 교육과정 정책부서에 연구사 인원을 두 차례에 걸쳐 증

구성하던 것에서 역사과 전체로 연구진을 구성함으로써 〈한국사〉 교육과정 연구진에 쏟아질 관심을 분산시키는 효과도 있었다. 실제로 역사과 교육과정 연구진이 구성된 후 연구진의 성향을 분석하여 비판하는 언론도 있었다.[4]

역사과 교육과정 연구진으로 구성이 되면서 과목별 연구진은 연구진 내부에서 결정되었다.

> 1차 연구 때는 연구진을 2분야에 걸치도록 나누고 간사회의를 통해 검토하고 다시 전체회의에서 논의했습니다. 그런데 이런 방법이 비효율적이고, 의사소통이 안 되는 부분이 있어 2차 연구 때는 아예 과목별로 나누어 검토하고, 간사회의와 전체회의에서 조정하는 절차를 거쳤습니다.
>
> ― 이메일, 2015 개정 〈동아시아사〉 교육과정 연구자

연구진은 교수의 전공에 따라 담당 과목을 2개씩 선정하고, 교사들은 각자 본인이 선호도에 따라 과목을 선택하였다. 2015 개정 역사과 교육과정은 〈2015 역사과 교육과정 시안 개발 연구(이하 시안 개발 연구)〉(2015. 1.-2015. 5.)와 〈2015 개정 교육과정 시안 개발 연구 Ⅱ : 역사과 교육과정(이하 시안 개발 연구 Ⅱ)〉(2015. 5.-2015. 11.)으로 나뉘어 개발되었고, 〈시안 개발 연구 Ⅱ〉에는 교사들이 연구진으로 추가 참여하였다.

이러한 개발 과정 속에서 중국사 전공 A교수는 〈시안 개발 연구〉에서 중학

원시켰다. 두 차례 증원으로 5명이었던 교육과정 개정 업무 담당자는 30명이 되었다. 특히, 교육부는 편수조직 설치가 교과서 검정에 직접 개입하고자 하는 것이라는 기사보도에 교육부의 교과서 검정 위임 · 위탁 체제를 유지하되, 교육과정 및 교과서에 대한 궁극적인 책임과 권한을 가진 교육부의 관련 조직과 전문 인력의 보강이라고 해명하였다(교육부, 〈교육부 "편수 조직 설치" 보도 관련 설명자료〉, 2014년 1월 10일.).

교 〈역사〉와 〈세계사〉 교육과정 개발에 참여하였으나, 〈시안 개발 연구 Ⅱ〉에서 중학교 〈역사〉에 중점적으로 개발에 참여하였다. 처음부터 과목별 연구진 구성이 아니었기에 이러한 상황이 발생하였다.

> 전공별로 나누다 보니 동양사 전공자들은 〈동아시아사〉 교육과정에도 중학교 〈역사〉 교육과정에도 관여해야 했습니다. 그러다 보니 〈세계사〉 교육과정에 동양사 전공자가 한 명도 없는 이상한 상황이 벌어졌습니다.
>   - 심층 면담, 2015 개정 〈동아시아사〉 교육과정 연구자 A

연구진의 지적처럼 〈시안 개발 연구〉에서는 〈세계사〉 교육과정에 동양사 전공자가 한 명도 없는 등의 문제가 생긴 것이다. 위에서 언급한 바와 같이 연구진이 여러 과목에 관여하였기 때문에 정확한 확인을 위하여 결과보고서에 〈동아시아사〉 교육과정 연구진으로 언급된 연구진에게 직접 확인한 것을 토대로 〈동아시아사〉 연구진을 정리하면 〈표 Ⅵ-1〉, 〈표 Ⅵ-2〉와 같다. 따라서 〈시안 개발 연구〉, 〈시안 개발 연구 Ⅱ〉에서 서술하고 있는 연구진과 차이가 있다.

〈표 Ⅵ-1〉 2015 개정 역사과 교육과정 시안 개발 연구 〈동아시아사〉 교육과정 연구진

성명	소속	전공	비고
조명철	고려대학교	일본근세사	
홍성구	경북대학교	중국근세사	
이주원	분당고등학교	-	
최준채	무학여자고등학교	-	『한국사』 리베르스쿨 집필자

〈표 Ⅵ-2〉 2015 개정 교과 교육과정 시안 개발 연구 Ⅱ : 역사과 교육과정 〈동아시아사〉 연구진

성명	소속	전공	비고
조명철	고려대학교	일본근세사	

성명	소속	전공	비고
홍성구	경북대학교	중국근세사	
이주원	분당고등학교	-	
최준채	무학여자고등학교	-	『한국사』 리베르스쿨 집필자
이건홍	백영고등학교	-	『한국사』 비상 집필자 『(중학교) 역사』 비상 집필자

연구진을 교수 연구진과 교사 연구진으로 나누어 살펴보면, 교수 연구진의 경우 모두 교과교육 전공자가 아닌 일반사 전공자로서 연구 책임자 조명철은 소속 학과도 사학과. 조명철의 연구들을 살펴보면 역사교육에 관한 연구는 많지 않으며, 주로 러·일 전쟁을 중심으로 전략·정책, 국제질서, 인식 등으로 연구 주제를 넓혀가고 있다. 홍성구 공동 연구원은 사범대 교수로서 역사, 세계사, 교육과정, 집필기준 등 역사교육과 관련한 다양한 연구를 하고 있다. 비록 중국근세사가 전공이지만 중등교육에 대한 관심도 높다고 할 수 있다. 이러한 교수 연구진의 구성은 두 가지 문제점이 발생한다. 연구 책임자 조명철, 홍성구 공동 연구원은 모두 근세사 전공으로 다른 시대 전공자가 없다는 것과, 중국사와 일본사 사이에서 제어할 한국사 전공자가 없다는 것이다. 이러한 문제점은 역사과 교육과정의 연구진으로 섭외되어 교수의 전공별로 나누어 구성되는 과정에서 나타난 문제였다.

〈동아시아사〉 교육과정에 한정하기는 그렇지만 해당 전공자가 모두 참여하지 못하는 문제점이 있습니다. 〈동아시아사〉 교육과정에 중심이 되는 3국 모두 전 시대의 전공자가 참여할 수 없다면 최소한 시대별로는 확보되어야 한다고 생각합니다. 이것이 확보되지 못하다 보니 결국 교사들이 빠진 시대의 내용을 채울 수밖에 없습니다.

- 심층 면담, 2015 개정 〈동아시아사〉 교육과정 연구자 C

심층 면담에서 연구진이 지적한 것 처럼 교육과정에 시대별 전공자가 확보되지 않아 교사들이 빠진 시대를 채워야 하는 문제점은 2015 개정 〈동아시아사〉 교육과정에서 더욱 두드러진 현상이다. 이전 2007 개정 〈동아시아사〉 교육과정에서는 전공별, 시대별로 연구진이 구성되었으며, 2011 개정 〈동아시아사〉 교육과정의 경우 고대사를 제외하고는 시대별 연구진이 구성되었다. 따라서 2007 개정 〈동아시아사〉 교육과정에서는 각 전공과 시대별로 나누어 분담하고, 전체 회의에서 결을 맞추는 형식으로 진행되었다. 2011 개정 〈동아시아사〉 교육과정의 경우는 시대별 전공자가 해당 시대를 중점적으로 개발한 뒤, 다른 연구진이 함께 검토하고 결을 맞추는 형식으로 진행되었다. 그러나 2015 개정 〈동아시아사〉 교육과정에서는 시대별 전공진의 부재로 근세사를 제외한 각각의 시대를 중점적으로 검토할 연구진이 없는 것이었다. 또한, 근세사 전공자 두 명으로만 구성된 것은 뒤에서 분석할 2015 개정 〈동아시아사〉 교육과정의 가장 큰 특징인 전근대 시대의 대단원 통합이 연구진의 전공 시대가 아닌 탓에 '전공시대 이기주의'라는 오해의 씨앗을 남길 수도 있다.

2015 개정 〈동아시아사〉 교육과정 연구진의 가장 큰 특징은 현장 교사 비율이 매우 높다는 것이다. 〈시안 개발 연구〉에는 50%, 〈시안 개발 연구 Ⅱ〉에서는 60%로 이전 교육과정보다 압도적으로 교사 비율이 높다. 이것은 현장 교사의 참여 비율이 30% 이상이 되도록 하는 2015 개정 교육과정의 방침에 비하여도 높았으며, 사회과의 일반사회와 지리(〈시안 개발 연구〉에서 지리 37.5%(8명 중 3명이 교사), 일반사회 27.2%(11명 중 3명이 교사), 〈시안 개발 연구 Ⅱ〉에서 지리 44.4%(9명 중 4명), 일반사회 33.3%(12명 중 4명))와 비교해도 높았다. 이것은 앞서 언급한 바와 같이 과목별 연구진 섭외가 아닌 역사과 교육과정 연구진으로 섭외되었고, 과목별 연구진 구성을 연구진 스스로 결정하는 과정에서 생긴 특징이다. 실

제로 역사과 교육과정 연구진 전체에서 현장 교사의 비율은 약 33%로 2015 개정 교육과정의 방침의 비율과 유사하다.

사실, 더 중요한 것은 교사의 참여 비율보다 그들이 교육과정 연구에 얼마나 적극적으로 참여했는가에 있었다. 기존 연구들에 따르면 교육과정에 참여한 교사들은 내용 요소·성취 기준 등을 교수들이 작성하면 검토 의견을 제시하는 방식의 제한적 역할을 수행하거나[5] '구색 맞추기' 정도로 현장 적합성 정도만 검토하는 역할을 했다.[6] 그러나 2015 개정 〈동아시아사〉 교육과정에 참여한 교사들은 교육과정 개발에 있어 적극적으로 참여하였다. 이것은 참여한 교사들의 높은 전문성에서 원인을 찾을 수 있다. 교육과정에 참여한 교사 3명은 모두 20년 이상의 교직경험과 석사 이상의 학위를 가진 교사들이다. 특히, 최준채 공동 연구원과 이건홍 공동 연구원은 수석교사로서 이미 전문성에 있어 검증받은 교사다. 참여한 교사 3명은 교육과정 개발 자체는 처음이었지만 경기도 교육과정 연구, 교과서 집필, 교육과정 검토위원 등 간접적으로 교육과정과 관련한 일들에 참여한 경험들이 풍부하여 교육과정 개발에 대한 이해도가 매우 높다.

그러나 이 교사들이 심층 면담 결과 〈동아시아사〉를 직접 가르쳐 본 적이 없다는 점은 단점으로 지적할 수 있다. 물론, 〈동아시아사〉가 현장에 적용된 기간이 그리 길지 않았으며 〈동아시아사〉를 선택과목으로 선정하지 않는 학교들이 있다는 점에서 〈동아시아사〉 수업 경험 여부까지 포함되는 인적 구성이 어렵다는 것은 일정 부분 이해가 된다. 그러나 〈동아시아사〉 교육과정 연구진에 교사로서 참여한 상황에서 〈동아시아사〉를 가르쳐 본 적이 없는 것은 문제로 지적될 수 있다. 〈동아시아사〉에 관한 현장 연구는 이 시기 시작 단계였기 때문에, 현장 문제점 및 학습자와 교사의 인식 등은 교육과정에 참여한 교사들이 적극적으로 대변해야 한다. 그것이 교육과정 개발에서 나타날 수 있는 현장과의 간

극과 괴리를 줄일 수 있기 때문이다. 그러나 심층 면담 결과 〈동아시아사〉를 가르쳐본 경험이 없다는 것은 그들도 역시 다른 동료 교사들의 경험에 의존하거나 역사과 다른 과목을 가르친 경험에 비추어 추측하는 문제점이 발생한다. 역사교사와 학생들의 인식을 분석한 연구에서 〈동아시아사〉 수업을 경험해 본 교사는 인식전환의 가능성이 있다는 것을 결과를 보았을 때, 연구진 구성에서 고려했어야 하는 요소였다.

〈시안 개발 연구 Ⅱ〉의 〈동아시아사〉 교육과정에는 이건홍 공동 연구원이 추가 참여하면서 파생되는 문제점도 있었다. 이건홍 공동 연구원은 교수·학습방법 및 평가방법 개발 역할을 위하여 투입되었다. 총론에서는 교과 교육과정의 주된 독자가 교과를 직접 가르치는 교사임을 고려하여, 교과 교육과정 개발 연구진에 교사를 다수 참석시키고, 학습량과 수준의 적절성, 학습 내용 선정 및 조직의 적절성, 지침의 명료성 등에 대한 현장 교사의 의견을 청취하고 반영할 수 있도록 해야 하기 때문이다. 이러한 총론의 입장으로 인해 〈동아시아사〉 교육과정뿐만 아니라 다른 과목 및 다른 교과(목)도 〈시안 개발 연구 Ⅱ〉에 교사를 공동 연구원으로 추가하였다.

그러나 총론의 '이상'과 달리 문제점이 발생하였다. 〈시안 개발 연구 Ⅱ〉에서 교수·학습방법 및 평가방법 개발에 초점을 두어 교사를 추가로 연구진으로 포함하였으나, 교수·학습방법 및 평가방법 개발이 〈동아시아사〉 교육과정 내용 체계와 별개로 개발되는 것이 아니며, 총론의 계획과 달리 〈시안 개발 연구〉에서 내용 체계 및 성취기준 개발까지 되지 못하고, 성취기준은 2차 연구에서 개발되었다. 그러한 이유로 기존의 연구진에게는 〈시안 개발 연구〉에 대한 설명의 부담감이, 추후 투입된 공동 연구원은 〈시안 개발 연구〉 연구진이 이미 논의·검토한 것들을 〈시안 개발 연구 Ⅱ〉 개발과 함께 파악해야 하는 부담감이 존재하였다.

이러한 연구진 구성 속에서 2015 개정 〈동아시아사〉 교육과정은 〈표 Ⅳ-3〉과 같이 세 단계를 거쳐 개발되었다. 1단계는 기초 연구이고 위에서 언급한 〈시안 개발 연구〉와 〈시안 개발 연구 Ⅱ〉는 2단계와 3단계에 해당된다.

〈표 Ⅳ-3〉 2015 개정 〈동아시아사〉 교육과정 개발 단계 및 결과물

개발 단계		개발 내용과 결과물
기초연구	1단계 : 문·이과 통합형 교육과정 개발을 위한 정책 연구 과제(2014. 3.-2014. 10.)	• 개발 내용 - 총론에 따른 각 과목별 교육과정 개발 기초 연구 고등학교 선택과목의 구조 등에 대한 연구 • 결과물 - 최상훈 외, 『문·이과 통합 역사과 교육과정 재구조화 연구』, 교육부, 2014.
본 연구	2단계 : 2015 역사과 교육과정 시안 개발 연구: (2015. 1.-2015. 5.)	• 개발 내용 - 내용체계 및 성취기준 개발 • 결과물 - 진재관 외, 『(CRC 2015-12) 2015 역사과 교육과정 시안 개발 연구』, 한국교육과정평가원, 2015.
	3단계 : 2015 개정 교과 교육과정 시안 개발 연구 Ⅱ: (2015.5.-2015. 11.)	• 개발 내용 - 교수·학습 방법 및 평가방법 개발 • 결과물 - 진재관 외, 『(CRC 2015-25-7) 2015 개정 교과 교육과정 시안 개발 연구 Ⅱ: 역사과 교육과정』, 한국교육과정평가원, 2015.

국정화의 논란이 고조되던 2014년 1월 〈국가 교육과정 정책 자문위원회(위원장 : 한덕수 한국무역협회장)〉를, 2월에는 교육 전문가로 이루어진 〈국가 교육과정 개정 연구위원회(위원장 : 이화여자대학교 초등교육 김경자 교수)〉가, 8월에는 〈국가교육과정 개정 자문위원회〉를 구성했다. 〈국가 교육과정 개정 연

구위원회〉를 중심으로 총 12개의 연구과제가 수행되었으며,* 역사는 별도로 『문·이과 통합 역사과 교육과정 재구조화 연구(이하 역사과 재구조화 연구)』를 진행하였고, 사회과는『문·이과 통합 사회과 교육과정 재구조화 연구(이하 사회과 재구조화 연구)』에서 진행되었다. 역사와 관련된 과목들은 2007 교과목 독립 이후 사회과가 아닌 독립적으로 연구가 진행되면서 재구조화 연구도 별도로 진행되었다. 그러나 교과 독립이 이루어지지 않은 채 이루어진 것이었기 때문에 사회과 다른 과목과의 갈등을 증폭시킬 수밖에 없었으며, 초등역사는 두 개의 연구가 진행되는** 어색한 상황이 전개되었다.

『사회과 재구조화 연구』에서는 사회과의 공통과목 신설과 '한국사' 필수로 인하여 역사과의 선택과목인 〈동아시아사〉와 〈세계사〉를 모두 선택과목에 두는 것에 대한 문제가 제기되었다.[7] 결국, 9개 선택과목을 그대로 유지하자는 결론이 도출되었지만, 선택과목이 조절된다면 〈동아시아사〉를 〈세계사〉 내로 묶어야 한다는 의견이 제시되었다.[8] 이것은『사회과 재구조화 연구』에서 공통과목 방향을 '윤리+지리+일반사회'를 중심으로 하되 '세계사'를 고려한 통합단원

---

* 12개의 연구과제는 다음과 같다.

	연구 과제
1	문·이과 통합형 교육과정 총론 시안 개발 연구(총괄)
2	문·이과 통합형 교육과정 구성 방안 연구
3	유·초·중학교 교육과정 개선 연구
4	학교 현장, 국가·사회적 요구 조사 연구
5	교과 교육과정 개발 방향 설정 연구
6	국가교육과정 질 관리 체제 구축 방안 연구
7-12	교과 교육과정 재구조화 연구(국어, 수학, 영어, 사회, 역사, 과학)

** 이러한 이유로 초등역사는『사회과 재구조화 연구』와『역사과 재구조화 연구』에서 각각 연구되어 다른 결론에 도달하는 연구결과가 도출되었다. 고등학교의 사회과에 신설된 공통과목에서의 역사는『사회과 재구조화 연구』에서 진행되었으며, 고등학교 〈동아시아사〉는『역사과 재구조화 연구』에서 진행되었다.

을 구성하는 것으로 하였음에도 전문가들 의견은 〈동아시아사〉를 〈세계사〉에 묶어야 하다고 제시하였다. 이를 통해 사회과에서 〈동아시아사〉 과목의 필요성 및 공감대가 성립되지 않았음을 알 수 있다.

역사과 선택과목 수 조정에 대한 압박감은 『역사과 재구조화 연구』의 연구에서 더욱 강하게 나타났다. 재구조화 연구진은 고등학교 역사 과목의 운영 실태와 개선 방향을 묻는 설문조사에서 〈세계사〉와 〈동아시아사〉 과목의 존폐를 설문항목으로 제시하였다. 연구진은 역사과 선택과목으로 현행처럼 '동아시아사'와 '세계사'를 두는 것이 적절하다고 생각하는지를 묻고 '아니다'라고 대답하였다면 어떤 과목이 적절한지를 질문(설문 결과는 현행 유지가 42.86%, 아니다가 57.14%, 적절한 과목은 세계사 53.17%, 한국문화사 19.05%, 동아시아사 14.29%, 동양사 4.76%, 서양사 3.97%, 기타 4.76%)하였다. 이것은 '재구조화에 있어 초등학교에서 세계사를 다루는 것을 어떻게 생각하는지? 교육과정에서 한국사를 어느 시기까지 다루는 것이 적절하다고 생각하는지? 중학교에서 역사과목 한국사 영역을 어떻게 구성해야 할까요?'등의 설문 항목[9]과 달리, 고등학교에서 재구조화는 선택과목 조정으로 방향을 잡은 것으로 판단된다.

이러한 재구조화는 오히려 선택과목을 다양화한다는 총론과 결을 달리하는 연구였다. 총론에서는 "고등학교 학생들이 '공통과목'을 통해 기초 소양을 함양한 후 학생 각자의 적성과 진로에 따라 맞춤형으로 교육받을 수 있도록 선택과목을 다양화한다."[10]라고 되어 있다. 결론적으로 『역사과 재구조화 연구』에서 〈동아시아사〉 교육과정 재구조화 방안을 제시하기는 하였지만, 사회과에서도 역사과 내부에서도 〈동아시아사〉는 아직 자리를 잡지 못하였음을 알 수 있다.

『역사과 재구조화 연구』가 기초 연구였다면 본 연구인 교육과정 개발연구는 2015 개정 〈동아시아사〉 교육과정은 〈시안 개발 연구〉와 〈시안 개발 연구 Ⅱ〉

로 나누어 연구되었다. 연구기간 동안 교육과정 연구 책임자 25명 및 총론 개발진, 교육부 교육과정정책과 담당자 등이 참석하는 각론조정회의(6차와 7차는 교과 교육과정 시안 연구 책임자 회의라는 이름으로 개최)가 7차례 열렸고, 이후 교과 교육과정 개발 정책 연구진 간 합동 워크숍이 5회 진행되었으며, 공청회는 3차례 열렸다. 연구 기간은 총 11개월로 명시되었으나, 2015년 1월 말에 연구가 시작되어 2015년 9월 14일 교육과정 심의회를 거쳐 9월 23일 각론이 고시된 것으로 보아 실질적 개발 기간은 7개월 정도였다. 이로써 수시개정이라는 이름으로 교육과정을 몇 달 만에 개발하는 것이 어렵지 않다는 상례를 만들어 가고 있다.

이전의 교육과정 개발 기간을 살펴보면 7차 교육과정의 10개월(1997. 2.-1997. 12.), 2007 개정 교육과정은 23개월(2005. 4.-2007. 2. 28.)에 개발되었다. 이처럼 이전 교육과정 개발 기간과 비교해 보았을 때 2011 개정 교육과정과 2015 개정 교육과정 모두 기형적으로 짧고 급조된 교육과정 개정이었다. 이렇게 개정을 강행하는 것은 대통령 임기 중에 교과서를 개편하여, 교육과정으로부터 교과서 발행에 이르는 전 과정 개편을 마무리하려는 정치적 욕구 때문이었다. 짧은 교육과정 개정 주기와 개발 기간은 교육적인 관점보다는 정치적인 관점의 접근으로 이루어졌음을 의미한다. 짧은 교육과정 개정 주기와 개발 기간이 짧을수록 교육과정 연구진은 필요한 내용을 추가하거나 빼는 것을 제외하면서 대체로 기존의 내용을 유지하는 보수적인 방식으로 접근하기 마련이다.

교육과정은 교육부가 개발 기관에 위탁하여 개발되기 때문에 교육부는 개발에 대한 여러 권한을 가지고 있다. 이를 바탕으로 교육과정 논의에 대해 다양한 물리적인 통제를 행사한다. 이혁규는 7차 사회과 교육과정 개정 과정에 대한 문화기술적 연구에서 교육과정 개정에 있어 생산적 숙의를 방해하는 요인으로 교육부의 '하드웨어적인 통제(교육부는 교육과정 연구 과정을 인적·재정적·시간적으로 통제하는 것)'에 주목하였다. 이혁규는 "교육과정의 법적 고시 시점을 잠정적으로 산정하고, 거기서부터 역산하여 개발 과정을 계획한다. 그리고 건물의 설계도를 주듯이 몇 가지 지침을 연구진에게 제공한 후 연구 개발을 독려한다. 그리고 개발 업무를 맡은 연구진은 짜여진 시간 내에 어떻게 하든 보고서를 제출해야 한다. 이 과정은 완공 시기를 설정하고 설계도에 따라 공사가 진행되어가는 건축물의 축조 과정을 감독하는 방식과 유사하다."고 하였다. 또한 "공기를 앞당기라는 무리한 요구에 따라 날림으로 지어지는 건축물처럼 교육과정 문서는 그렇게 만들어져서 화려한 완공식과 함께 일반에 공개"되지만 "그 건물을 유지하고 돌보는 데는 별 관심을 보이지 않는다. 그리고 일정한 시간이 경과하면 퇴락한 건물을 헐어 내고 신축을 하는 역사가 다시 시작되는 것이다."라고 비판하였다.[11] 교육과정에 참여하였던 연구진도 이혁규가 주장한 것과 비슷한 문제인식을 갖고 있었다.

> 현장요구조사부터 평가, 의견수렴을 하여 반영까지 생각한다면 2년 정도가 적당하다고 생각합니다. 교육과정 개발 때마다 현장요구조사를 하고 있기는 그러나 형식적이지 않은가 생각이 들어요. 조금 더 실질적으로 현장요구조사도 되고, 피드백을 받으려면 개발 기간은 2년 정도가 적당하다는 생각입니다.
> — 심층 면담, 2015 개정 〈동아시아사〉 교육과정 연구자 B

> 1년이라고 해도 각자 하는 일이 너무 많으므로 교육과정 개발 자체에 집중할 수 있는 여건이 만들어져야 한다고 생각합니다. 이번 교육과정 개발 때에도 매주 주말마다 모였지만, 자주 못 나오시는 분들도 계시고, 매주 나온다고 해도 일주일 동안 교육과정만 생각하는 것도 아니고…… 차라리 개발 기관에 연구진을 파견 형식으로 하여 두 달만이라도 교육과정에만 집중할 수 있는 여건을 만드는

것도 방법이라고 생각합니다.

- 심층 면담, 2015 개정 〈동아시아사〉 교육과정 연구자 E

심층 면담 결과 대부분의 연구진은 교육과정 개발 기간이 너무 짧았음을 지적하고, 최소 1년에서 2년 정도의 개발 기간이 확보되어야 한다고 지적하였다. 개발 기간 확보가 어렵다면 개발에 집중할 수 있는 여건이라도 되어야 한다는 연구진의 지적은 추후 개정에 참고할만한 요구였다. 개발 기간의 부족은 기초연구와 개발을 할 수 있는 시간이 충분히 확보되지 못하므로, 교육과정 연구진이 의미 있는 교육과정을 개발한다는 것은 어려운 일이다. 또한, 교육과정의 개정 주기도 매우 짧았다. 2015 개정 〈동아시아사〉 교육과정은 2011 개정 〈동아시아사〉 교육과정에 의해 집필된 교과서가 2014년부터 중등학교 현장에서 사용되기 시작한 상황에서 개정되었다. 이러한 개발 관행으로 인하여 교육과정 문제를 해결하는 데 필요한 현장의 미시적인 정보는 거의 축적하지 못하고 있다. 투입된 교육과정에서 어떠한 측면이 바람직한 결과를 산출하며, 어떠한 측면이 비교육적인 효과를 야기하는지에 대한 미시적인 정보가 축적되지 않는 한 교육과정 문서는 공허한 문서에 지나지 않을 것이다.

2015 개정 교육과정 개정에서는 배경 및 필요성의 하나로 국가·사회적 요구를 내세우고 있다. 국가·사회적 요구의 반영으로 인문·사회적 소양 함양 및 과학·기술적 소양 함양 필요 등을 들고 있지만, 이것이 국가 교육과정을 개정할 만큼의 공감대를 얻은 것이었는가에 대한 논의도, 국가 교육 과정이 국가·사회적 요구에 얼마나 민감하게 반응해야 하는가에 대한 고민도 필요하다.[12] 오츠(Oates)는 영국의 국가 교육과정을 분석한 연구에서 교육과정 개정의 주요 원인을 국가·사회적 요구보다 지식의 구조와 내용의 변화가 되어야 한다

고 하였다. 교과의 핵심 요소에 초점을 두어야만 그 개정 주기의 속도가 느려질 수 있으며, 국가·사회적인 맥락에서 요구하는 이슈들에 민감하게 되면, 이슈가 제기될 때마다 개정 요구에 대응해야 하고, 이는 곧 잦은 개정으로 이어진다고 하였다.[13] 실제로 현장에서는 교육과정의 잦은 개정으로 피로감과 불만이 표출되고 있으며, 현장의 안정성 역시 교육과정의 개정만큼 중요하게 인식되어야 한다는 요구가 나온다.[*]

개정 주기가 짧다는 전제하에 2015 개정 〈동아시아사〉 교육과정 연구진은 교육과정 개발 이전에 프로젝트 형식으로 여러 가지 대안을 제시하는 기초 연구들이 진행되는 것으로 해결방안을 제시하였다.

> 교육과정 개발이 이루어지기 전에 프로젝트 형식으로 여러 가지 대안을 제시하는 연구가 진행되면 어떨까 싶습니다. 이번 재구조화 연구도 좋지만, 그렇게 한번이 아니라 여러 팀이 다양한 안을 제시하는 거죠. 사실 〈동아시아사〉의 경우 〈동아시아사〉 교육과정에 관한 연구조차도 부족합니다.
>
> – 심층 면담, 2015 개정 〈동아시아사〉 교육과정 연구자 A

위 견해에 따르면 〈동아시아사〉가 신설된 지 10여 년이 되었음에도 〈동아시아사〉 교육과정 개발에 필요한 연구가 부족하다는 것이고, 이는 학계에서 반성하며 받아들여야 할 점이다. 앞서 언급한 짧은 개정 주기와 개발 기간으로 인

---

[*] 물론, 국가·사회적 요구가 무시되어야 한다는 것은 아니며, 지나치게 맥락적·정치적·이슈적 성격이 강한 국가·사회적 요구는 학교교육과정에서 적절히 반영되도록 할 필요가 있다. 예를 들어 세월호 사건으로 안전교육의 중요성이 주목받을 때, 안전교육을 독립 교과 혹은 단원으로 만들기 위해 국가교육과정을 개정하기보다는 기존 교과에서 다루어 온 안전 관련 내용을 학교 수준에서 실제 학생들의 삶에 맞게 맥락화하고 의미화 시킬 수 있도록 하는 것이 더 타당하다(소경희, 앞의 논문, pp.203~204.).

한 보수적 개발 방향은 2015 개정 〈동아시아사〉 교육과정에도 적용되었다. 연구진은 "첫째, 교과 내용 요소를 분석하여 세계사와의 중복되는 내용을 간략하게 서술할 것"과 "둘째, 학습 내용 적정화를 통해 학생들의 학습 부담을 경감할 것"으로 2015 개정 〈동아시아사〉 교육과정 개발 방향을 잡았다. 두 가지로 설명하고 있지만, 결국 학습 내용 적정화를 위하여 내용 감축이라는 한가지의 목적으로 서술될 수 있다. 이러한 보수적 개발 방향은 2015 개정 〈동아시아사〉 교육과정에 참여한 연구진의 대다수가 교육과정 개정 자체에 큰 필요성을 느끼지 못한 점도 원인으로 작용하였다.

> 이번 2015 개정 교육과정은 개정을 위한 개정이 아닌가 하는 생각이 들었습니다.
> — 심층 면담, 2015 개정 〈동아시아사〉 교육과정 연구자 C

> 크게 개정할 필요가 없는 과목까지 개정을 요구한다는 느낌이었습니다.
> — 심층 면담, 2015 개정 〈동아시아사〉 교육과정 연구자 D

이러한 이유로 개발 방향은 총론의 입장인 '학습 내용의 적정화'가 그대로 명시되었다. 다만, 개정 방향에 언급되지 않았지만, 이전 〈동아시아사〉 교육과정이 받았던 비판을 중심으로 수정해 가는 것으로 잡았다. 또한 이전 교육과정과 달리 동아시아사 교과서가 짧지만 현장에서 사용되고 있던 상황이므로 현장의 목소리를 교육과정에 최대한 반영하는 것을 목표로 삼았다.

> 교육과정을 개발할 때 가장 중요한 것은 '학습자'라고 생각합니다. 이번 〈동아시아사〉 교육과정 개발에서는 교사들이 이 부분에 있어 목소리를 냈고, 교수님들이 받아들였다는 점입니다.

이것은 2015 개정 〈동아시아사〉 교육과정 연구진에 이전 교육과정보다 교사가 많이 참여하여 현장의 목소리를 낸 것과도 이어진다.

2. 2015 개정 〈동아시아사〉 교육과정 어떻게 만들었을까?

1) 2015 개정 〈동아시아사〉 교육과정 구성 논의

(1) 〈동아시아사〉 교육과정과 총론과의 관계

교육과정 개정에서 〈동아시아사〉 교육과정 연구진에게 주어진 것은 "교육과정 총론의 가이드라인 '안에서' 자율적'으로 정할 수 있는 권한"뿐이었다. 그동안 한국의 국가 수준 교육과정 개정 과정에서 총론과 각론의 관계는 상호 협력적 관계라기보다 갈등적 관계로 묘사되어 왔고, 총론과 각론과의 괴리는 고질적 문제로 인식되었다. 2015 개정 교육과정은 국가 수준 교육과정 개정 시기마다 지적되어온 총론과 각론의 괴리 문제를 극복하고자 '국가교육과정 각론위원회'를 구성하여 총론과 각론뿐만 아니라 교과 간의 연계성 및 일관성을 강화하고자 하였다. 또한, 앞서 언급한 것과 같이 교과 교육과정 개발 정책 연구진 간의 합동 워크숍과 각종 협의회 등을 수차례 개최하여 교육과정 개발에서 총론과 각론 간 소통을 강화하고자 하였다. 총론에서는 이것을 2015 개정 교육과정 개발 체제의 특징이라고 주장하였다.[14] 그런데도 총론과 각론 사이의 소통에 대한 평가는 긍정적이지 않았다. 2015 개정 교육과정 개발 과정에 관한 다양한 연구들은 여전히 총론과 각론 사이를 '일방통행'이

라고 지적하고 있다. 이는 2015 개정 〈동아시아사〉 교육과정에 참여한 연구
진도 일관되게 회고하였다.

> 교육과정 개발에 있어 가장 힘들었던 것은 총론의 '가이드라인'이었어요. 그
> '가이드라인'에 맞춰 작성해야 하니까…….
>> – 심층 면담, 2015 개정 〈동아시아사〉 교육과정 연구진 E

> 총론에서 매트릭스를 만들어 놓고 모든 교과를 끼워 넣으라고 하니…… 교과
> 에 대한 이해가 전혀 없다는 생각이 들었습니다.
>> – 심층 면담, 2015 개정 〈동아시아사〉 교육과정 연구진 B

연구진이 '가이드라인' 또는 '매트릭스'라고 표현한 것은 총론이 제시한 교
육과정의 외형적인 부분이었다. 2015 개정 교육과정에서는 이전의 총론이 편
제 개편에 중점을 둔 것과는 달리, 교과 교육과정의 교육 내용을 개선하는 것이
학습 경험의 질을 실질적으로 개선하는 데 더 도움이 된다고 판단하여 교육 내
용 구성 방안에 중점을 두었다. 그 결과 2015 개정 교육과정에서 문서 체재에
큰 변화가 있었고, 외형적으로는 이전 교육과정과 비교하면 각 교과가 일관성
이 있는 모습을 갖추게 되었다.

이것에 대해 〈동아시아사〉 교육과정 연구진뿐만 아니라 다른 과목의 교육과
정 연구진도 비판적이었다. 각 교과의 교육과정 연구진은 총론의 개정 방향에
대해 공감하지 못할 뿐만 아니라, 총론과 각론 사이의 의사소통도 일방적이었
다고 주장하였다. 특히, 핵심역량이나 기능 등 용어에 대한 혼란은 이러한 점을
더욱 가중했다.[15] 예를 들어 이 시기 '핵심역량'의 경우 국내 역사교육계의 논의
는 활발하지 않았으며, 그로 인하여 '핵심'으로 선정된 내용이 그에 따른 타당

성이 있는지 등에 대한 논의는 아직 본격화되지도 않았다.[16] 심지어 총론 내부에서도 미묘한 차이가 있었지만 명료하게 드러나지 못했기 때문에 같은 용어를 다른 의미로 해석하는 현상이 발생하기도 하였다.[17]

이처럼 새로운 개념에 대해 교과 내부에서 자체적으로 충분히 논의된 바가 없는 경우, 총론의 지침을 숙지하고 그에 따라 결과물을 만들어내는 과정에 있어 어려움이 발생한다. 따라서 명료하게 조정되기보다는 개발 과정에서 연구진이 각자 이해한 방식으로 정리될 수밖에 없었다.

> 핵심개념, 핵심역량, 핵심성취기준…… 총론 측에서는 설명하였는데, (총론 측) 의도는 알겠는데 명확히 이해가 되는 것은 아니었어요. 그래서 연구진이 자료를 토대로 나름의 이해를 하는 것으로 방향을 잡았습니다.
> – 심층 면담, 2015 개정 〈동아시아사〉 교육과정 연구진 E

이는 2015 개정 〈동아시아사〉 교육과정 연구진만의 문제는 아니었다. 서로의 관점이 다르다는 것은 인식하고 있었으나 무엇이 어떻게 다른지 분명하지 않았던 점에서, 교육과정을 개발하는 과정에서 상당히 혼란스러울 수밖에 없었던 것이다.

앞서 언급한 바와 같이 그동안 교육과정 개정마다 총론과 각론과의 괴리는 늘 비판대상이었음에도 2015 개정 교육과정을 개발하는 과정에서도 그 문제점은 답습되었다. 총론에서 제시한 교육과정의 외형적인 양식, 내용 체계표, 수업에 도움을 주고자 작성되었다는 교수·학습 방법 및 평가의 '예시 사항' 등은 교육과정 연구진에게 '숙제'처럼 제시되어 끊임없이 합동 워크숍에서 다른 교과와 비교·평가되었다.[18] 이것은 이전 교육과정에서는 개발 되었던 해설서를 폐지하고 교육과정 문서에 포함시키면서 나타난 문제점이라고 할 수 있다.

또한, 단원별로 제시된 교수·학습 방법 및 평가의 '예시 사항'은 '예시'라는 표현을 사용하여 강제성을 약화시켰음에도 교과서 집필진에게 부담으로 남게 되었다. 교과서 검정 기준에 있어 교육과정 준수 여부가 포함되는 한, 권장 사항이 아닌 필수 사항으로 판단될 수 있다. 그렇다면 검정 교과서 간에 비슷한 내용이나 활동이 많아질 수밖에 없다. 따라서 이처럼 단원별 교수학습 방법 및 평가를 교육과정 문서에 고지하는 것은 상당한 구속력을 가질 수 있기 때문에 추후 개정에는 교육과정 문서에서 제외하거나 권고 사항 정도로 정리하는 것이 좋다.

(2) 교육내용 적정화와 성취기준 구성

〈동아시아사〉가 신설된 이래로 〈동아시아사〉 교육과정이 개정될 때마다 내용 요소와 성취기준이 감축되었다. 2011 개정 〈동아시아사〉 교육과정 단원 조직은 대단원 6개, 내용 요소 23개, 성취기준 23개였는데, 2015 개정 〈동아시아사〉 교육과정 단원 조직은 대단원 5개, 내용 요소 16개, 성취기준 16개로 감축되었다. 앞에서 살펴본 바와 같이 〈동아시아사〉 교육과정은 신설 당시 다른 과목에 비하여 적은 수의 대단원과 성취기준을 제시하였으나 두 번의 개정이 이루어지면서 대단원 축소까지 이루어진 것이다.

2015 개정 〈동아시아사〉 교육과정 연구진은 이전의 교육과정을 단원별로 모두 함께 검토하였다. 〈동아시아사〉 신설 시에는 전공별·시대별 연구진이 모두 참여하였던 것과 달리, 이후의 두 차례 개정 시에는 시대별·전공별 연구진 확보가 어려웠기 때문이다.

2011 개정 〈동아시아사〉 교육과정에서 대단원명에 대한 비판은 2015 개정 〈동아시아사〉 교육과정으로 넘어오면서 일정 부분 해소되었다. 2011 개정 〈동아시아사〉 교육과정 대단원명은 'Ⅰ.국가의 형성'이라는 대단원 명칭이 동아시

아 지역사를 지향하는 목표와 부합하지 않았으며, 중단원에 해당하는 내용 요소(자연 환경과 생업/신석기 문화/국가의 성립과 발전)를 포괄하지 못하는 용어였다는 비판과 'Ⅴ. 근대 국가 수립의 모색' 단원은 유일하게 시대 명칭을 사용하여 불균형한 형태를 도출하였다는 비판, 마지막으로 전체적으로 통사적 성격을 부각한 가운데 'Ⅲ. 국제관계의 변화와 지배층의 재편'이라는 주제사적 대단원명이 혼용되는 형태라는 비판을 받았다. 위와 같은 비판에 연구진은 2015 개정 〈동아시아사〉교육과정에서는 〈표 Ⅳ-4〉와 같이 수정하여 기존의 교육과정에서 지적되었던 문제점을 해결하였다.

〈표 Ⅳ-4〉 〈동아시아사〉 교육과정 개발 과정에 따른 단원 조직 변화

2011 개정 〈동아시아사〉 교육과정	역사과 교육과정 재구조화 연구	2015 개정 〈동아시아사〉 교육과정
Ⅰ. 국가의 형성 (선사-기원 전후)	Ⅰ. 동아시아 역사의 시작 (선사-기원 전후)	Ⅰ. **동아시아** 역사의 시작 (선사-기원 전후)
Ⅱ. 동아시아 세계의 성립 (기원 전후-10세기)	Ⅱ. 동아시아 세계의 정립 (기원 전후-10세기)	Ⅱ. **동아시아 세계의 성립과 변화** (기원 전후-16세기)
Ⅲ. 국제 관계의 변화와 지배층의 재편 (10-16세기)	Ⅲ. 동아시아 국제 관계의 변화 (10-16세기)	
Ⅳ. 동아시아 사회의 지속과 변화 (16-19세기)	Ⅳ. 동아시아의 사회 변동과 문화 교류 (16-19세기)	Ⅲ. **동아시아**의 사회 변동과 문화 교류 (16-19세기)
Ⅴ. 근대 국가 수립의 모색 (19세기-1945년)	Ⅴ. 근대 국민국가의 수립 (19세기-1945년)	Ⅳ. **동아시아**의 근대화 운동과 반제국주의 민족 운동 (19세기-1945년)
Ⅵ. 오늘날의 동아시아 (1945년 이후)	Ⅵ. 오늘날의 동아시아 (1945년 이후)	Ⅴ. 오늘날의 **동아시아** (1945년 이후)

2015 개정 〈동아시아사〉 교육과정의 대단원명은 '동아시아사'를 반복적으로 사용하였으며, '시작 → 성립과 변화 → 사회 변동과 문화 교류 → 근대화 운동과 민족 운동 → 오늘날'로 이어지는 통사적인 흐름을 강조하였다. 그러나 〈동아시아사〉 교육과정이 주제사를 표방하는 것을 고려할 때 단원명이 주제사를 부각하지 못한다는 비판은 피해갈 수 없다. 연구진은 이러한 비판에 〈동아시아사〉 교육과정이 '연대기적 주제 중심' 구성을 포기하지 않는 이상 어렵다고 주장하였다.

주제사가 드러나는 대단원명이 아니라는 비판은 〈동아시아사〉 교육과정의 구성을 살펴본다면 논점이 빗나간 비판이라고 생각합니다. 〈동아시아사〉 교육과정이 시대사적인 목차를 구성하고 있고 구성하고 있는 국가들의 발전수준과 시기가 다르므로 묶어내기 어렵다는 문제점이 있습니다. 연대기적 주제사를 포기하고 완벽한 주제사로 구성되면 모를까……

− 심층 면담, 2015 개정 〈동아시아사〉 교육과정 연구자 A

또한, 2015 개정 〈동아시아사〉 교육과정에서 단원 구성의 가장 큰 특징은 〈표 Ⅳ-4〉에서 알 수 있듯이 대단원의 축소다. 2011 개정 〈동아시아사〉 교육과정에서 'Ⅱ. 동아시아 세계의 성립'과 'Ⅲ. 국제 관계 변화와 지배층의 재편'의 단원이 2015 개정 〈동아시아사〉 교육과정에서는 'Ⅱ. 동아시아 세계의 성립과 변화'로 통합하여 대단원 수가 6개에서 5개로 축소되었다. 대단원의 통합은 〈동아시아사〉 교육과정이 '연대기적 주제 중심' 구성이므로, Ⅱ단원과 Ⅲ단원을 구성하는 내용 요소들이 Ⅱ단원과 Ⅲ단원으로 나누어 서술할 필요가 없으며, 두 단원의 시기도 겹쳐서 제시되어 있다는 연구진의 문제인식에서 시작하였다.

대단원의 통합은 〈동아시아사〉가 주제사라는 점에서 시작되었습니다. 이것은 "왜 하필 Ⅱ단원과 Ⅲ단원의 통합이어야 하는가?"와도 연관되어 있습니다. 이전 교육과정에서 Ⅱ단원과 Ⅲ단원을 구성하고 있는 내용 요소를 살펴보면 꼭 나누어 서술할 만한 것인가에 대한 의문이 있었습니다. 〈동아시아사〉가 주제사임을 생각해 볼 때 유학이라는 하나의 개념으로 변화를 설명하는 것이 주제사인 원래의 취지에 부합한다고 생각했습니다.

－ 심층 면담, 2015 개정 〈동아시아사〉 교육과정 연구자 A

　기존 교육과정을 검토하였을 때 Ⅱ단원과 Ⅲ단원은 시기가 겹쳐서 제시되어 있었습니다. 그러다 보니 학생들을 어렵게 느끼도록 하는 요소로 작용하였습니다. 〈동아시아사〉가 주제사이니 대단원을 통합하고 주제별(내용 요소)로 시간 순서대로 학습하게 하자는 것이 맞는다고 판단하였습니다.

－ 심층 면담, 2015 개정 〈동아시아사〉 교육과정 연구자 B

2011 개정 〈동아시아사〉 교육과정에 따라 집필된 『동아시아사』 3종에서 Ⅱ·Ⅲ단원의 내용 요소를 중심으로 해당 시기를 살펴보면, 중국의 경우 수·당이, 한국의 경우 고려를 중심으로 Ⅱ단원과 Ⅲ단원에 시기가 겹쳐서 서술되고 있다. 이것을 다양한 관계와 사회 변화에 대한 주제사적 성격을 강조하는 방향으로 과감히 정리한 것이다.

연구진이 교육내용의 적정화를 의도한 것은 아니었으나, 대단원 통합이라는 가시적인 성과로 대단원 통합은 교육내용 적정화의 '상징'이 되었다. 〈동아시아사〉에 관한 교사 인식을 조사한 연구에 따르면 학교 현장에서 〈동아시아사〉는 '역사과의 사회·문화'로 불릴 정도로 기존 다른 역사 교과서보다 분량이 적은 것으로 인식하고 있으나, 일부 교사들은 단원 수를 감축하는 방식으로 내용 감축이 필요하다는 응답을 하였다.[19] 결국, 대단원의 통합은 현장의 목소리가 반영된 것이기도 하였다.

시작은 그것이 아니었으나, 결과론적으로 다른 과목에 '예'로써 아주 좋은
결과가 되었지요.

- 심층 면담, 2015 개정 〈동아시아사〉 교육과정 연구자 A

교육내용의 적정화가 아닌 주제사적 정리와 시기 중복에 대한 문제점 해결을 위한 대단원 통합이기 때문에 2015 개정 〈동아시아사〉 교육과정에서 삭제된 것처럼 보이는 사대부와 무사, 몽골제국, 성리학은 학습요소에서 언급될 수밖에 없었다. 그러므로 대단원 통합에 따른 눈에 띄는 감축이 없다는 비판[20]은 너무나 당연한 것이었다.

'연대기적 주제 중심' 구성 형태를 취하고 있는 〈동아시아사〉 교육과정에서 대단원의 통합은 '통사적'인 부분을 희석하여 〈동아시아사〉 단원 구성이 주제사라는 특징을 잘 구현할 수 있는 바탕이 되었다. 그런데도 감축된 내용 요소가 학습 요소로 존재하게 됨으로써 나타나게 되는 문제는 별개였다. 2011 개정 〈동아시아사〉 교육과정에 의해 집필된 『동아시아사』 분량을 살펴보면 3종 모두 I 단원은 25쪽, V단원은 44쪽, II, III, IV, VI단원은 35쪽을 전후해 구성하고 있다. 그러므로 70여 쪽으로 서술되어야 할 분량을 다른 단원과 비슷하게 서술된다면 단순한 학습요소 나열로 전개되어 학습자의 흥미를 떨어뜨리는 문제점이 발생하며, II 단원의 서술 분량을 늘리게 된다면 다른 단원과의 분량의 불균형을 초래한다. 2015 개정 〈동아시아사〉 교육과정에 의해 집필된 『동아시아사』를 검토해 보면, 검정에 통과한 4종 모두 II 단원이 나머지 단원의 분량과 비슷하거나 약간 많은 분량으로 집필되었다(4종 모두 I 단원은 27쪽 전후, III, IV, V단원은 40쪽 전후, II 단원 39쪽~47쪽.) 이것은 이미 심층 면담 과정에 교육과정 연구진이 예견한 사항이었다.

교육과정 문서에 명시는 되지 않았지만, 교과서의 서술 분량도 규제하자는 논의도 있었습니다. 대단원별 기준 쪽수를 제시하고 ±10%로 집필진에게 재량을 주는 것으로요.

- 심층 면담, 2015 개정 〈동아시아사〉 교육과정 연구자 B

실제로 2015 개정 교육과정에 따른 교과용 도서 개발을 위한 편찬상의 유의점 및 검정기준에 따르면『동아시아사』분량은 부록을 포함하여 190쪽이며, 10% 범위 내에서 증감할 수 있다고 명시하였다.[21] 그러므로 대단원 통합으로 인하여 파생된 문제점은 결국 교과서 집필진에게 집필 시 부담으로 남게 되었다.

〈동아시아사〉 교육과정에서 계열화는 세계사 영역은 물론 한국사 영역까지도 고려해야 한다. 2015 개정 〈동아시아사〉 교육과정에서는 계열화에 대한 다른 관점이 제시되었다. 2015 개정 〈동아시아사〉 교육과정 연구진 중 일부는 계열화에 대해 회의적인 입장을 나타내기도 하였다.

솔직히 한 학급 내에서도 학습자들의 수준 차이가 있는데, 중등 수준에서 이것이고, 고등 수준은 이것이라고 할 수가 있을까 싶습니다.

- 심층 면담, 2015 개정 〈동아시아사〉 교육과정 연구진 E

사회과에 지리나 일반사회가 정말 '계열화'의 원칙이 정확하게 맞아떨어지게 구성되어 있느냐! 그렇지 않다고 생각했습니다. 이런 이유로 의도적으로 '계열화'에 대해 접어두자고 논의하였습니다.

- 심층 면담, 2015 개정 〈동아시아사〉 교육과정 연구진 B

현재 역사교육계에서 계열화 논의의 핵심은 다음과 같다. 역사 영역을 어떻게 배분할 것인가 아니면 어떤 내용을 어떻게 먼저 가르치고 나중에 가르칠까에 기본과 심화의 틀, 이것을 교육과정이 매개로 논의되고 있다.[22] 이러한 상황 속에서 한국의 역사교육계는 계열화를 실현해야 한다는 명분에 집착하고, 교육 과정 개정과정에서 차별성을 내세우기 위한 도구로 사용되고 있다. 사실 교육 과정에 있어 계열화는 교과 내부뿐만 아니라 교과 외부의 이유도 작용한다. 사 회과 속에서 초·중·고에 반복되는 형태로 학습하게 되어 있는 구조 속에서 계열화로 설명해야만 하는 외적인 이유가 있는 것이다.* 2015 개정 〈동아시 아사〉 교육과정 개정 방향에 있어 "교과 내용 요소를 분석하여 세계사와의 중 복되는 내용을 간략하게 서술할 것"역시 실제 〈동아시아사〉 교육과정 개발 과 정에서 〈세계사〉와의 중복되는 내용으로 인한 조절이 없었다는 것을 고려해 볼 때, 이는 여전히 사회과 내 다른 과목을 의식한 계열화에 대한 표현이다.

이러한 상황 속에서 2015 개정 〈동아시아사〉 교육과정 연구진의 인식처럼 계열화에 대한 회의적이라는 목소리가 학교 현장을 중심으로 표출되기 시작하 였다. 계열화 확보 방안으로 제안된 다양한 방안은 현장이 안고 있는 조건을 고 려하지 못하고 있으며, 계열화가 쉽게 실현되는 과학이나 수학과 달리 학문의 특성상 계열화의 원칙이 불가능하다는 것이다.[23] 또는 계열화 확보가 역사교육 의 목적을 넘어서는 최상위 원칙은 아니라는 점을 확인하고 종합적이고 체계적 인 역사학습을 주장하는 계열화 본질에 관한 근본적 질문을 제기하기도 했다.[24] 이러한 문제인식을 2015 개정 〈동아시아사〉 교육과정 연구진은 동일하게 공유

---

* 역사 교육과정에서 계열화에 대한 본격적인 논의는 3차 교육과정부터 시작되었으나, 공식적으로 문서화된 것은 2차 교육과정이다. 3차 교육과정에서는 과목독립으로 인하여 정당성과 가치를 창 출해야 했으며, 이는 국사교육 내용의 선정 원칙으로 교육 내용을 차별화하여 반복에 대한 비난을 피함으로써 정당성을 확보하는 방향으로 나아갔다(신소연, 「역사교육과정의 개정과 계열성 적용 의 난맥」, 『歷史敎育』 124, 2012, p.96.).

하고 있었다. 결국 2015 개정 〈동아시아사〉 교육과정에서 계열화는 자의반 타의반으로 논의되지 못하였다.

이전 교육과정에서 중학교 〈역사〉와 고등학교 〈세계사〉에 시사점을 준 〈동아시아사〉의 시기 구분은 교육과정 개발 과정에서 함께 검토되지 못하였으며, 임진전쟁과 병자전쟁에 대한 다른 과목과의 용어 불일치 문제는 해결되었다. 또한, 〈동아시아사〉 과목에서만 동아시아의 지역적 범주에 베트남을 포함해 설명하고 있다는 비판은 분석 대상을 근·현대사로 한정하여 교과서를 분석한 결과이므로 지역적 범주는 어느 정도 일치한다고 할 수 있다.

2011 개정 역사과 교육과정에 의해 집필된 중학교 『역사』와 고등학교 『세계사』 대부분은 베트남이 동아시아 문화권에 포함된다고 서술하고 있다.* 다만, 이에 관한 서술이 동아시아 단원에서 서술된 경우**와 동남아시아 단원에서 서술된 경우***로 나눌 수 있다. 이 두 경우 모두 베트남에 대한 역사는 대부분 동남아시아에서 서술하고 있다. 교과서 서술에서 알 수 있듯이 동아시아 문화권에 베트남이 포함되지만, 이것은 북부 베트남에 한정되므로, 중학교 『역사』와 고등학교 『세계사』에서는 베트남 지리에 주안점을 두고 동남아시아에서 서술

---

* 중학교 『역사』 9종에서 2종(금성, 교학사), 『세계사』 4종에서 1종(교학사)을 제외한 나머지 교과서에서는 모두 동아시아 문화권에 베트남이 포함된다고 서술하고 있다. 또한, 이 3종의 경우도 동남아시아에서 베트남 북부가 중국의 영향을 받았다는 서술을 하고 있다.

** Ⅷ. 지역세계의 형성과 발전/1.동아시아 세계의 형성과 문화의 발전/③ 동아시아 세계의 형성 – 베트남은 지리적으로는 동남아시아에 속하지만, 문화적으로는 일찍부터 중국의 영향을 받아 같은 문화 요소를 공유하였기 때문에 동아시아 세계로 분류한다(주진오 외, 『역사』, 천재교육, 2012, p.254.).

*** Ⅲ. 지역 세계의 재편과 성장/2.인도와 동남아시아/02.동남아시아 각국의 발전 – 북부 베트남은 한대 이래 중국의 지배를 받았으나 10세기에 당이 멸망하면서 독립하였다. 오랫동안 중국의 지배를 받아 중국 유교 문화의 영향을 받은 베트남은 다른 동남아시아의 국가들과 달리 동아시아 문화권에 속한다(조한욱 외, 『세계사』, 비상, 2013, p.93.).

한 것으로 판단된다.

그러나, 중학교 〈역사〉와 고등학교 〈세계사〉에서 근현대를 구분하는 시점을 '제1차 세계대전'으로 서유럽의 구분을 그대로 적용하고 있다는 비판은 유효하다. 〈동아시아사〉의 경우 신설 당시 6단원의 시기를 1910년 제1차 세계대전 이후에서 1945년대 이후로 변경하여 서구 근대국가의 식민화 압력을 받은 동아시아 지역에서 일본만이 국민 국가 형성에 성공하고, 다른 국가들은 실패를 단순 대비시키는 단순화를 어느 정도 보완하게 되었다. 그러나 여전히 중학교 〈역사〉 세계사 영역 또는 고등학교 〈세계사〉에서는 '제1차 세계대전'을 중심으로 시기 구분을 하고 있으며, 이는 제한된 시간 범위 안에서 동아시아 각국이 똑같이 근대화를 달성했어야 한다는 것을 전제하는 오류를 범하게 된다.[25] 그러므로 최소한 중학교 〈역사〉 세계사 영역 또는 고등학교 〈세계사〉의 근현대사 시기 구분은 〈동아시아사〉와 동일하게 1945년으로 조절되어야 한다.*

2015 개정 〈동아시아사〉 교육과정에서는 이전 교육과정에서 '임진전쟁'과 '병자전쟁'으로 표기함으로 인하여 다른 과목과 용어 불일치 문제가 제기되었던 것이 왜란과 호란으로 표기됨으로써 용어 불일치 문제는 해결되었다. 〈동아

---

* 세계사에서 제1차 세계대전을 기점으로 근대와 현대를 나누는 서양사의 구분법을 아시아사에 기계적으로 적용하는 것은 아시아사는 근대는 있고 현대는 거의 없는 듯이 분해된다. 그러므로 아시아 근대사의 맥락이 현대에 들어와서는 어떻게 전개되었는지 파악할 수 없게 된다는 비판은 지속적으로 제기되고 있다. 또한, '제1차 세계대전 – 전후 처리와 사회주의 국가 성립, 대공황 – 파시즘 – 제2차 세계대전'으로 이어지는 사건의 흐름은 아시아 아프리카의 역사는 강대국 중심, 파시즘과 나치즘의 등장이라는 역사 전개의 '주선율'을 보조하는 것으로 되며, 양차 대전과 그 사이 시기에서 아시아 등 지역의 역사는 부차적이며 종속 변수가 되어 세계 대전의 흐름에 부차적으로 연계되거나 세계사의 흐름과 분리되어 서술되고 있다는 비판도 제기되고 있다(유용태, 「한국 역사교과서 속의 동아시아 국민국가 형성사」, 앞의 책, p.446.; 이병인, 「중국 근현대사의 전개와 교과서 서술 구조」, 『'새로운 세계사'와 교과서 서술의 현실」, 역사교육연구회 학술대회 자료집, 2016, pp.75~78.).

시아사〉 신설 당시 '왜란'과 '호란'을 '전쟁'으로 표현하여 많은 비판을 받았다. 앞에서 검토한 바와 같이 〈동아시아사〉 신설 당시 참여한 연구진의 역사용어에 관한 문제 인식은 명확하였으나, 용어의 생소함으로 인한 비판이었다. 또한, 다른 과목과의 용어 불일치로 인하여 학생들의 혼란을 우려하는 지적도 있었다.[26] 그러나 2011 개정 〈동아시아사〉 교육과정까지 이 용어는 유지되었고 오히려 현장에서는 용어 변경으로 인하여 학습자들은 충격을 받거나 새로운 역사 인식으로 받아들였다는 분석이 나타났다.[27] 그런데도 2015 개정 〈동아시아사〉 교육과정에서는 다시 '왜란'과 '호란'으로 변경되었다. 이 점에 대한 연구진의 입장은 두 가지로 압축되었다. 첫째, 당사자인 한국이 '왜란'과 '호란'을 '전쟁'이라는 용어로 객관화할 수 없다는 역사 용어에 관한 입장이었다. 둘째, '임진전쟁'과 '병자전쟁'은 편수 용어가 아니며, 시험 출제 시 '임진전쟁'이라고 하면 '정유재란'을 질문할 수 없다는 현장의 입장이었다.

전쟁을 객관화 한다는 입장에서 '전쟁'이라는 단어를 사용했지만, 과연 당사자인 우리가 객관적일 수 있는가 하는 의문이 들었습니다. 한국에서 사용하는 『동아시아사』라는 것을 생각해 보면, 우리의 시각을 그대로 제시하는 것이 옳다고 생각했습니다. 전쟁을 바라보는 시각, 이 자체가 역사라는 것이지요.
　　　　　　　 － 심층 면담, 2015 개정 〈동아시아사〉 교육과정 연구자 A

편수 용어에는 임진전쟁, 병자전쟁이 없다는 점에서 논의가 시작되었습니다. 교육과정에서 편수 용어를 무시할 수 없다는 생각도 있었고, 한국사·세계사와 용어를 통일해야 한다는 의견도 제시되었습니다. 그리고 시험을 출제할 때 임진전쟁이라고 하면 정유재란을 물을 수가 없다는 문제점이 제기되었습니다. 통상 임진왜란이라고 하면 정유재란까지 포함하는데, 임진전쟁, 정유전쟁 이렇게 제시되니……
　　　　　　　 － 심층 면담, 2015 개정 〈동아시아사〉 교육과정 연구자 B

일반적으로 역사 용어는 다음과 같은 세 수준의 복합적인 의미가 있다. 첫째, 특정 사건을 일정한 방식으로 기억하고 기념하여 현재의 사회와 체제를 탄생시킨 그 정신을 오늘에 되살리자는 의미가 있다. 국가를 포함한 일련의 공동체 형성과 등장을 기념하는 방식은 이에 직결된다. 둘째, 일반 국민과 시민, 세계인에 대한 역사교육의 의미를 갖는다. 과거를 오늘에 불러내는 것은 깨우치고 알려서 대중을 교육하려는 의도와 직결된다. 셋째, 사건이 제공한 바람직한 교훈 및 정책적 선례를 추출을 위해서다. 역사는 종종 현실적 대안 선택의 문제와 연결된다.[28] 그러므로 역사 용어는 단순히 과거의 문제가 아니라 현재의 문제이며, 그 사건에 참여하고 연루된 사람들의 집단적 삶을 평가하는 문제이다. 그러므로 '왜란'과 '호란'의 경우 한국사적인 시각이 반영된 것이며, '통합적이고 개방적인 시각'과 '타자를 이해하고 존중하는 태도'가 담긴 용어라고 보기에는 어렵다.

물론, 2015 개정 〈동아시아사〉 교육과정 집필기준에서 17세기 동아시아 전쟁에 참여한 각 주체가 서로 다른 명칭으로 부르고 있는 점에 대하여 서술하도록 보완하고 있다.[29] 연구진 지적처럼 편수 용어에 '임진전쟁'과 '병자전쟁'이 없으며, 다른 과목과의 용어 불일치는 설득력 있는 지적이다. 그러나 『한국사』에서는 전쟁 과정과 전쟁 이후 동아시아에 미친 영향을 서술하고 있으며, 『동아시아사』에서는 전란극복사 관점이 아닌 전쟁과 관련된 사람들의 다양한 시선으로 전쟁을 바라볼 수 있도록 서술하고 있다. 이렇게 다른 서술이 가능한 이유는 『동아시아사』에서 '왜란'과 '호란'이 아닌 '전쟁'으로 용어를 선택한 것에서 시작될 수 있다. 〈동아시아사〉에서 〈한국사〉와 다른 용어를 선택했던 이유는 이 전쟁에서 배워야 할 목표를 '갈등 해소와 평화 추구'로 교육목표를 설정했기 때문이다.[30] 그러므로 기존 임진전쟁과 병자전쟁을 사용하는 것이 동아시아 세계에서 갖는 국제전적인 의미를 제대로 파악할 수 있는 가치중립적 용어이며,[31] 이것이 〈동아시아사〉 목적과 더욱 부합한다고 판단된다.

2) 2015 개정 〈동아시아사〉 교육과정 내용 논의

(1) 시기별·분야별 성취기준의 재조정

이전 2011 개정 〈동아시아사〉 교육과정 개발 과정에서 성취기준은 두 가지 방향에서 진행되었다. 첫째, 개정될 〈동아시아사〉 교육과정에 제시된 내용 요소나 용어 가운데 개념이 모호하거나 학계의 보편적인 합의가 이루어지지 않은 것, 국가별로 용례가 다른 것에 대한 검토였다. 둘째, 이렇게 삭제되거나 교체된 내용을 포함한 성취기준들이 학습자의 이해를 위해 일정한 체계를 이룰 수 있도록 재조정하는 것이다. 이는 2015 개정 〈동아시아사〉 교육과정에서도 여전히 적용되었다. 이를 토대로 성취기준의 변화를 정리하면 〈표 IV-5〉와 같다.

〈표 IV-5〉 2011·2015 개정 〈동아시아사〉 교육과정의 영역별 성취기준 비교

2011 개정 〈동아시아사〉 교육과정	2015 개정 〈동아시아사〉 교육과정
(1) 국가의 형성	(1) 동아시아 역사의 시작
㉠ 동아시아의 자연환경과 그와 관련된 사람들의 삶을 농경과 유목을 중심으로 파악한다.	㉠ **동아시아 세계의 범위를 파악하고 각국 간 관계와 교류의 역사를 이해해야 할 필요성을 인식한다.**
㉡ 동아시아 신석기 문화의 다양성을 대표적인 유물을 중심으로 설명할 수 있다.	㉡ 동아시아의 다양한 자연환경을 배경으로 나타난 삶의 모습을 농경과 목축을 중심으로 파악한다.
㉢ 각 지역에서 국가가 성립되고, 상호 교섭을 통해 발전하는 과정을 이해한다.	㉢ 구석기와 신석기의 유물을 중심으로 동아시아에서 다양한 문화가 발전하였음을 이해한다.
	㉣ 동아시아 지역에서 성립했던 국가들의 발전 과정을 파악한다.

2011 개정 〈동아시아사〉 교육과정	2015 개정 〈동아시아사〉 교육과정
(2) 동아시아 세계의 성립	(2) 동아시아 세계의 성립과 변화
㉠ 여러 국가와 정치 집단이 분열하고 통합되는 과정을 인구 이동과 전쟁을 중심으로 이해한다. ㉡ 조공·책봉관계를 포함한 동아시아의 다양한 외교 형식을 각국의 상호 필요라는 관점에서 파악한다. ㉢ 율령과 유교에 기초한 통치 체제의 특징을 이해하고, 이를 각국이 수용한 양상을 비교한다. ㉣ 불교가 각 지역에 전파된 과정을 살펴보고, 그 역할과 영향을 탐구한다.	㉠ 인구 이동이 여러 국가와 정치 집단의 형성 및 분열과 통합에 영향을 미쳤음을 설명한다. ㉡ 조공·책봉을 포함한 동아시아의 다양한 외교 형식의 영향과 의미를 상호적 관점에서 해석한다. ㉢ 율령 체제의 특징을 파악하고, 각 지역에서 유교·불교·성리학이 수용되는 과정과 영향을 비교한다.
(3) 국제 관계 변화와 지배층의 재편	
㉠ 동아시아 국제 관계가 다원화되었음을 유목 민족의 성장과 각국의 대응 관계를 통하여 이해한다. ㉡ 사대부와 무사가 새로운 지배층으로 등장하게 된 사회·경제적 배경을 살피고, 각 사회의 특징을 비교한다. ㉢ 성리학이 각국의 정치 질서와 사회 규범, 일상생활에 미친 영향을 설명할 수 있다. ㉣ 몽골제국 성립 이후에 전개된 동아시아 지역 내·외의 교류에 대해 탐구한다.	
(4) 동아시아 사회의 지속과 변화	(3) 동아시아의 사회 변동과 문화 교류
㉠ 17세기 전후 동아시아 전쟁이 동아시아 국제 관계와 각국의 정치·사회에 미친 영향을 설명할 수 있다. ㉡ 상공업 발달과 인구 증가, 도시화의 진전에 따른 사회 변동의 양상을 파악한다. ㉢ 학문과 과학기술이 발전하고 서민 문화가 성장하였음을 이해한다. ㉣ 동아시아 지역 내의 교역 관계가 변화하고, 은을 매개로 서구와 교류하였음을 이해한다.	㉠ 17세기 전후 동아시아 전쟁의 배경과 전개 과정 및 그 결과로 나타난 각국의 변화를 파악한다. ㉡ 동아시아 지역의 교역망 발달과 서양과의 교역 확대로 인한 은 유통의 활성화 과정을 이해한다. ㉢ 인구 증가로 인해 도시와 상업이 발달하고 서민 문화가 융성하였음을 대표적인 사례를 들어 설명한다.

2011 개정 〈동아시아사〉 교육과정	2015 개정 〈동아시아사〉 교육과정
(5) 근대 국가 수립의 모색	(4) 동아시아의 근대화 운동과 반제국주의 민족 운동
㉠ 개항 이후 각국에서 일어난 근대화 운동과 동아시아 국제 관계의 변동을 파악한다. ㉡ 제국주의 침략 전쟁과 그로 인한 가해와 피해의 실상을 알아보고 각국에서 일어난 민족 운동을 비교한다. ㉢ 군국주의의 대두로 일본의 침략 전쟁이 확대되고, 이에 대응하여 국제적 연대와 평화를 추구하는 움직임이 일어났음을 이해한다. ㉣ 각국이 서구 문물을 수용하면서 일어난 사회·문화·사상적 변화를 예를 들어 설명할 수 있다.	**㉠ 개항 이후 나타난 국제 관계의 변동을 살펴보고, 동아시아에서 일어난 근대화 운동을 비교한다.** ㉡ 제국주의 침략의 실상과 일본 군국주의로 인한 전쟁의 확대 과정을 살펴보고, 그에 대항한 각국의 민족 운동을 비교하여 설명한다. ㉢ 동아시아 각국에서 서양 문물의 수용으로 나타난 사회·문화·사상적 변화 사례를 비교한다.
(6) 오늘날의 동아시아	(5) 오늘날의 동아시아
㉠ 제2차 세계 대전의 전후 처리 과정을 알아보고, 동아시아에서 냉전이 심화된 과정과 그 영향을 파악한다. ㉡ 각국의 경제 성장 과정을 비교하고 지역 내 교역이 활성화되고 있음을 이해한다. ㉢ 각국에서 정치와 사회가 발전하는 모습과 특징을 파악한다. ㉣ 동아시아에 현존하는 갈등과 분쟁에 대해 알아보고, 화해를 위한 방법을 탐구한다.	**㉠ 제2차 세계 대전의 전후 처리 과정을 알아보고, 동아시아에서 냉전이 심화되고 해체되는 과정과 그 영향을 분석한다.** ㉡ 동아시아 각국에서 나타난 정치·경제·사회적 발전 모습을 비교하여 파악한다. ㉢ 오늘날 동아시아 국가 간의 갈등과 분쟁 사례를 살펴보고 그 해결을 위해 노력하는 자세를 갖는다.

〈표 Ⅳ-5〉에 따르면, 2015 개정 〈동아시아사〉 교육과정의 성취기준 수는 23개에서 16개로 30%인 6개를 감축하였다. 이는 앞서 살펴본 것과 같이 대단원의 감축으로 총론의 입장인 20%보다 더 감축할 수 있게 되었다. 2011 개정 〈동아시아사〉 교육과정 성취기준에서 변화를 보였던 '은 유통', '소농 경영', '사대부와 무사'의 경우 2015 개정 〈동아시아사〉 교육과정 성취기준에서 변화하였다. 이전 교육과정에서 축소·조정된 '은 유통'의 경우 2015 개정 〈동아시아사〉 교

육과정에서는 다시 성취기준에 포함되었다. 이전 2011 개정 〈동아시아사〉 교육과정 연구진이 중국 중심의 '은 유통'이라는 문제 때문에 이를 삭제했다면, 2015 개정 〈동아시아사〉 교육과정 연구진은 세계사적인 맥락과 연결된 측면에서 동아시아의 '은 유통'에 주안점을 두었다.

> 학습자들이 어려워한다는 것은 알고 있지만, '은 유통'의 경우 경제에 있어 매우 중요한 요소입니다. 한국이 소외된다는 비판이 있을 수 있지만, 왜 소외되었는지를 설명하면 된다고 생각했습니다.
>
> — 심층 면담, 2015 개정 〈동아시아사〉 교육과정 연구자 A

> '은 유통'은 경제적 관점이지만 그 시대 전체를 잘 보여줄 수 있는 가장 좋은 관점입니다. 그 시대 동아시아사와 유럽을 묶을 수 있는 좋은 방법이 '은 유통'이지요.
>
> — 심층 면담, 2015 개정 〈동아시아사〉 교육과정 연구자 D

2015 개정 〈동아시아사〉 교육과정에서 '은 유통'과 관련된 성취기준은 그 위치도 다시 조정되었다. 대단원 4의 4번째 성취기준에서 대단원 3의 2번째 성취기준으로 위치가 변경된 것이다. 이것은 성취기준의 순서를 정치→ 경제(교류) → 사회·문화 순으로 일정한 체계를 이룰 수 있도록 재조정한 것이다. 그러나 해금 정책에서 시작하여 16세기 후반 형성된 은 유통망과 그 거래의 방향이 18세기로 이어지고, 결국 대단원 4에서 19세기 충돌과 개항이라는 주제와 자연스럽게 이어지도록 되어 있던 것이 성취기준의 순서 조정으로 인하여 어색하게 되었다.

한국에서 집필된 『동아시아사』라고 해서 한국이 모든 내용 요소마다 주도적인 위치를 점해야 한다거나 국가별 서술이 동일한 분량이어야 한다는 것은 무리가 있다. 오히려 내용 요소마다 한국의 역할과 위상은 끊임없이 변화되었고, 따라서 한국의 역할에 대해 역사적 현실을 반영하는 '불(不) 균질성'이 오히려 〈동아시아사〉의 독창성이 될 수 있다.[32] '은 유통과 교역망'에서 조선의 지정학적 특성과 해금(海禁)과 쇄국(鎖國)을 고집하는 중국과 일본 사이에의 매개적 기능, 그런데도 시간이 갈수록 더욱 확대되는 해양 중심의 세계 교역망에서 조금씩 '소외되는 듯' 보이는 조선의 위상은 유럽 중심주의 혹은 중국 중심주의 시각이 아니라는 주장은 일견 타당해 보인다. 역사적 현실에 정직한 대면과 성찰을 통해 19세기 개항과 국민 국가 수립 과정에 한국뿐 아니라 동아시아 세계가 일정 부분 공유해야 했던 고통을 더 선명하게 인식할 수 있는 계기가 될 수 있다.[33]

다만, 이전 2011 개정 〈동아시아사〉 교육과정에 의해 집필된 『동아시아사』 역시 여전히 각국의 은 유통을 병렬적으로 서술하거나 유럽과 중국 사이의 무역이 상세히 서술되어 한국은 소외된 형태로 서술되고 있다. 교육과정이 개정되면서 '동아시아 지역 내의 교역 관계가 변화하고, 은을 매개로 서구와 교류하였음을 이해한다.'로 성취기준을 제시하고 있지만, 교과서 내용상에는 변화 없이 이전 교과서 서술 분량을 축소하여 설명하고 있다.

2015 개정 〈동아시아사〉 교육과정 연구진의 의도는 교과서를 검토한 결과 일부 구현이 되었다. 4종 모두 교역망의 확대되는 과정을 살펴본 뒤 3국의 '은 유통'을 설명하고 있다. 특히, 4종 모두 동아시아사 교역망을 해금과 조공(朝貢)이라는 키워드로 풀어서 서술하여 학계의 연구 성과를 반영하고 있다.[*] 그러나 여전히 서술은 3국의 은 유통을 병렬적으로 나열하고 있는 한계를 보이고 있다.

2015 개정 〈동아시아사〉 교육과정에서는 이전 교육과정에서 '소농 경영'과

---

[*] 이전 두 차례 교육과정에 의해 집필된 『동아시아사』 중 교학사판은 해금 정책에 대한 서술이 없으며, 이러한 서술은 명조에 비해 청조의 대외 무역이 더 위축되었다고 오해할 가능성이 있다(조영헌, 앞의 논문, p.162).

연결되어 있던 '사대부와 무사'를 축소하여 '특집 코너'를 활용한 것으로 대폭 축소하였다. '무사'가 '특집 코너'에서 서술되는 것으로 축소되면서, 자연스럽게 『동아시아사』에서 일본사 서술 분량이 축소될 수밖에 없었다. '사대부와 무사'의 감축은 『동아시아사』 서술이 비역사적이라는 비판에서 시작되었다.

> '사대부와 무사'가 중요하지 않다는 것보다는 현재 집필된 교과서에 '사대부와 무사'의 서술이 비역사적이라는 점에서 논의가 시작되었습니다. 현재 교과서를 살펴보면 일본의 무사를 한국에서 또는 중국에서 찾아 비교하는 형태입니다. 일본의 무사를 중국의 절도사나 고려의 무신정권과 비교하다 보니 어려울 수밖에 없습니다. 차라리 전체 역사 흐름 속에서 드러내는 것이 맞다고 판단하였습니다.
>
> — 심층 면담, 2015 개정 〈동아시아사〉 교육과정 연구자 A

2011 개정 〈동아시아사〉 교육과정에 의해 집필된 교과서들을 살펴보면 사대부와 무사는 소농경영과 묶여 문제점이 있었다. 앞서 언급한 것과 같이 한국의 경우 소농경영은 조선 중기 이후에 확인할 수 있음에도 불구하고, 고려 시대부터 존재하는 것으로 서술하거나, 일본의 무사 정권을 중국의 5대 10국 시기, 고려 초 후삼국 시기와 이후 전개된 무신 집권기와 동일하게 서술하는 오류가 있었다. 무사는 일본에서 장원제 성립 이후 등장하여 막부를 성립시키는 계층이지만, 연구진의 지적대로 중국과 한국에서는 등장한 적이 없다. 이른바 무력 내지 군사력을 바탕으로 집권한 무인과 무사를 동일하게 보는 것은 무리가 있다.[34] 그러므로 '특집 코너'를 통해 서술하더라도 중국과 한국, 베트남의 관료 지배층과 일본에서의 무사를 비교사적 시각에서 파악하여 서술하여야 한다.* 이

---

* 문인사회가 성리학 일변도의 지배이념을 확고히 일원화한 데 비해 무사사회는 여러 성향의 학문

런 점에 있어 천재교육 교과서에서 무사와 막부정치 단원 마지막에 문인 사회와 무사 사회를 비교한 소단원은 의미가 있다.

〈표 Ⅳ-5〉를 살펴보면, 성취기준의 경우 첫 번째 단원에서는 해당 시기의 정치적 흐름을 파악할 수 있도록 한 뒤, 분야별로 일정한 체계를 이룰 수 있도록 재조정한 것을 알 수 있다. 2007 개정 〈동아시아사〉 교육과정에 의해 집필된 『동아시아사』에 대한 교사들의 논점과 요구는 주제사 내용 구성 방식에 집중되었다. 통사 학습과 차별성을 두기 위해 주제사를 선택한 것은 이해하지만, 학생들의 수준이 주제사를 이해하기에는 무리가 있으므로 교과서에 시대적 흐름을 개관해 주는 내용이 필요하다는 것에 공감하였다.[35] 이러한 2011 개정 〈동아시아사〉 교육과정 연구진의 문제 인식은 2015 개정 〈동아시아사〉 교육과정 연구진에게도 이어졌다. 따라서 2015 개정 〈동아시아사〉 교육과정에서도 성취기준의 순서는 비슷하게 유지하였다.

(2) 학교 수업 적용의 베트남사 문제와 해결

앞에서 살펴본 바와 같이 〈동아시아사〉가 신설되던 당시 베트남은 뜨거운 감자였다. 연구진의 정치적 판단이 고려된 베트남의 등장으로 〈동아시아사〉가

이 다양하게 추구될 수 있는 조건이어서 확고한 지배이념이 취약했다. 중국, 조선, 베트남에서는 신분에 구애받지 않고 과거에 급제하면 지배엘리트로 상승할 수 있었으며, 이런 원리를 주자학이 체계적으로 뒷받침해주었다. 반면 일본은 주자학을 국가와 사회체제의 원리로까지 수용할 수 없었고, 이는 체제 유지를 여전히 무력에 의존해야 함을 의미했다. 또한 무사는 사대부와 달리 주군과 신하 사이의 보호-충성의 분명한 상하 지배종속관계가 형성되어 있었으며, 무사의 자식은 곧 무사였고 농민이나 상인 등 일반 평민이 무사로 진입할 수 있는 제도적 개방성이 없었기에 계층적 응집력은 상대적으로 강했다(유용태·박진우·박태균, 「문인사대부의 국가와 무사의 국가」, 앞의 책, pp.66~73.).

현장에 적용되면서 베트남이 '독립적이고 자주적인' 나라라는 인식과 동아시아의 일원이라는 친근감을 가지게 되었으며,[36] 베트남에 대해 새로운 인식을 갖게 되면서 상대국 역사에 대한 존중과 균형 있는 관점을 갖게 되고, 세계를 보는 시야도 넓어졌다.[37] 〈동아시아사〉가 신설 이전 역사 공동 교재인『미래를 여는 역사』에 한·중·일 삼국이 동아시아였다면 그 이후 출간된 동아시아사 관련 단행본들을 살펴보면 베트남뿐만 아니라 라오스·캄보디아까지 포함하여 서술하고 있다. 그러므로 동아시아 지역적 범주에 베트남이 포함되어 서술되는 것은 학계에서는 공감대가 형성된 것으로 보인다.

베트남에 대한 학계의 공감대와 다르게 학교 현장에서의 베트남은 신선함과 함께 어려움이 공존하고 있었다. 이 시기 교사와 학생들의 인식에 관한 연구들에서 교사들과 학생들은 베트남사에 대한 지식 부족 때문에 가르치는 것과 학습하는 것이 어렵다고 토로하였으나,[38] 한편으로 학생 중에는 베트남의 역사와 문화에 대해 새롭게 이해가 되어 신선하다는 의견도 존재하였다.[39]

베트남사에 대한 고민은 2015 개정 〈동아시아사〉 교육과정에도 지속되었다. 2015 개정 〈동아시아사〉 교육과정에서는 베트남의 주제를 명확히 하는 것으로 방향을 잡았다. 동아시아 문화권에 속하는 베트남의 지역은 '베트남 북부 지역'에 한정됨으로 베트남사는 '율령, 유교, 베트남 전쟁'을 중심으로 서술할 것을 명시한 것이다.[40] 베트남사의 축소는 공청회 과정에서 많은 비판을 받았다. 베트남 부분은 이미 적게 다루어지고 있기 때문에 베트남사를 축소해도 학습 부담 경감에는 도움이 되지 않으며, 한국과 베트남의 교류가 활발해지고 있고 그들의 한국 진출에 따라 다문화 가정이 늘어나는 상황 속에서 동아시아의 평화와 공존이라는 과목 취지와도 부합하지 않는다는 것이다.[41] 또한, 교육과정에서는 '동아시아 문화권에 속하는 베트남 지역은 베트남 북부 지역에 한정'되므로 '베트남사는 율령, 유교, 베트남전쟁만 서술'한다고 하였으나, 성취기준에서 '동아시아의 범위를 동서로는 일본열도에서 티베트고원까지, 남북으로 베트남에서 몽골고원으로 정한다.'고 명시한 것과 부합하지 않으며, 동아시아사의 지역 범위를 동아시아 문화권 개념으로 설정하는 것은 중국 중심의 동아시아 질서를 용인한다는 위험성이 있다는 것이었다.[42] 그런데도 2015 개정 〈동아시아사〉 교육과정 연구진은 베트남에 대해 현실적인 이유에서 접근하였다.

> 베트남의 중요성은 모두 공감했습니다. 그러나 학교 현장에서 베트남을 가르친다는 것은 다른 이야기입니다. 우선 학생들이 중학교에서 베트남사의 경우 배우고 오지 않습니다. 그런데 〈동아시아사〉의 경우 주제사이니 학생들 입장에서는 베트남은 통사적 지식이 전혀 없는 상태로 처음 접하게 됩니다. 그러다 보니 어렵게 느껴질 수밖에 없습니다.
> — 심층 면담, 2015 개정 〈동아시아사〉 교육과정 연구자 E

> 학습자뿐만 아니라 교사들도 베트남은 어렵습니다. 대학 때 베트남을 배워본 적이 없는 교사들이 대다수입니다. 참고 서적이 풍부한 것도 아니고······
> — 심층 면담, 2015 개정 〈동아시아사〉 교육과정 연구자 C

지역사적인 입장에서 베트남이 포함되어야 한다는 공감대와는 별도로 연구 성과 부족은 〈동아시아사〉가 신설될 때의 문제에서 한 걸음도 나아가지 못한 상황이었다. 이 시기 베트남과 관련된 전문서적은 번역서 1권과 개론서 1권, 대중서 1권이었다.[43] 베트남학회를 중심으로 연구가 진행되고 있지만 근·현대사 연구들이며 그것도 베트남전쟁에 관한 연구가 주를 이루고 있다. 또한, 번역서와 개론서에서는 서술이 다른 부분이 있어 교과서 집필의 어려움이 있었다. 예를 들어, 교과서에 삽화로 제시된 진사제명비(進士題名碑)의 경우 개론서는

1442년 타이 똥 시기 처음으로 과거 합격자들의 이름을 새긴 진사제명비를 세우고 그들의 명예를 기려 주었다고 서술하고 있으며,[*] 번역서의 경우는 타이 똥의 아들 타인 똥 시기인 1484년에 처음 세워졌다고 서술하고 있다.[**] 이처럼 기본 사실조차 확정적이지 못하였다. 이렇게 전문 서적의 서술의 차이는 베트남의 같은 시대를 다르게 평가하는 상황으로 이어진다. 이전 2011 개정 〈동아시아사〉 교육과정에 의해 집필된 교과서에서 레(黎) 왕조 시기 유학에 대한 서술을 살펴보면 다음과 같다.

> 베트남에서 유교 전통이 확고하게 세워진 시기는 15세기 레 왕조 대이다. 레 왕조는 유학을 국가의 통치 이념으로 삼고 …(중략)…유학은 베트남 사회의 지도 이념으로 뿌리내리기 시작하였다.[44]

> 베트남은 한 대에 처음으로 유학이 전래되었다가 15세기 레 왕조가 들어서면서 점차 성리학이 보급되었다. …(중략)… 그러나 불교의 영향 등으로 사회의 지배 이념으로 자리 잡지는 못하였다.[45]

> 베트남에서는 15세기 중엽에 레 왕조의 성종이 사서 중심의 성리학 사상을 보급하려고 노력하는 한편, …(중략)… 그리하여 성리학이 지배 이념으로 자리 잡기 시작하였으며, 불교의 영향도 이전 시기에 비해 쇠퇴하기 시작하였다.[46]

---

[*] 타이 똥은 과거제를 확립시키고 인재 등용에 힘써 1442년 시험에서는 33명이란 다수의 진사 합격자를 냈다. 이때 처음으로 베트남에서는 합격자들의 이름을 새긴 "진사제명비(進士題名碑)"를 세우고 그들의 명예를 기려 주었다(유인선, 위의 책, p.185.).

[**] 타인 똥은 합격자의 영예를 기리기 위해 합격자 명단을 발표할 때 엄숙한 의식을 베풀었고, 그들이 고향에 돌아갈 때는 훌륭한 휘장을 하사했다. 또 회시 합격자의 이름을 새겨 남기게 했다. 첫 비석은 1484년에 세워졌고, 그 뒤로 모두 82개의 비석에 1306명의 이름이 새겨졌다(오구나 사다오 저·박경희 역, 앞의 책, p.122.).

교학사와 천재교육의 경우는 지배 이념으로 유학이 자리 잡았다고 설명하고 있지만, 비상의 경우는 불교의 영향 등으로 유학이 자리 잡지 못하였다고 서술하고 있다. 이 시기에 대한 개설서 외에 한국학계 연구는 찾아보기 힘들다. 그러므로 전문 서적을 토대로 추론해 본다면 유학이 사회의 지배 이념으로 자리 잡았다고 보는 것이 타당한 서술로 보인다.* 이처럼 전문 서적의 부족으로 교과서 서술조차 다른 상황에서 평가에 대한 교사들의 부담감은 더욱 클 수밖에 없다.

또한, 연구진의 지적처럼 교사도 베트남사를 부담스러워한다는 지적은 타당하다. 베트남사를 학습했던 경험이 있는 교사는 대학의 교육과정을 고려한다면 많지 않다. 사범대학의 교육 과정상 '동양사' 과목은 중국사 위주에 일본사가 추가된 정도다. 대부분 대학에서 교육을 담당하는 교수들의 연구영역이 거의 특정 국가에 집중되어 있다 보니, 연구영역을 중심으로 교육이 진행될 수밖에 없다. 따라서 피교육자인 예비 역사교사들의 베트남사에 대한 이해는 부족할 수밖에 없으며, 이후 베트남사에 대한 학습은 (예비)역사교사에게 일방적으로 맡겨져 있다. 이를 보완하기 위한 〈동아시아사〉가 신설된 이래로 동북아역사재단에서는 2008년부터 〈동아시아사〉 교사 연수를 진행하고 있다. 그러나 약 20차례 이루어진 교원연수와 현장연수** 내용을 살펴보면 베트남사가 포함된 경

---

* 유교는 레 왕조 시대의 베트남 사회에서 명실상부한 지도이념으로서 깊이 뿌리내리게 되었다. 이처럼 유교의 지위가 확고해질수록 자연 불교는 쇠퇴의 길을 걷지 않을 수 없었다. 타인 똥 치세 후기에는 승려가 환속을 하고 여러 사원에서는 선학(禪學) 강의가 오랫동안 중단되었다(유인선, 『(새로 쓴) 베트남의 역사』, 이산, 2002, pp.192~193.); 레 왕조는 유교를 통치 이념으로 삼아 이를 확고히 했고, 타인 똥이 마련한 여러 제도의 근간을 이루는 사상도 마찬가지로 유교였다(오구나 사다오 저·박경희 역, 앞의 책, p.121.).

** 동아시아사 교원연수는 2008년부터 2011년까지는 3일(2학점) 15시간 연수였으며, 2012년 동계연수부터 5일 30시간 연수로 진행되고 있다. 현장연수는 1년에 한 차례 2박 3일 교사 자비 부담으로 중국이나 일본을 방문하는 연수로 진행되고 있다. 교원연수의 경우는 한 기수에 40명 정

우는 많지 않으며, 대부분이 중국사, 일본사 또는 한·일 관계사였다.[*] 그러므로 여전히 베트남사에 대한 학습은 교사 개인의 역량에 달려있는 것이다.

결국, 2015 개정 〈동아시아사〉 교육과정에서 베트남사의 축소는, 2011 개정 〈동아시아사〉 교육과정이 개발될 때와 달리 〈동아시아사〉가 현장에 정착하며 나타난 어려움이 교육과정에 반영된 것이라고 할 수 있다. 그러므로 〈동아시아사〉가 신설될 때 한·중·일 삼국의 갈등을 완충하기 위한 '완충 지역으로 베트남'은 포함하되, 학교 현장의 어려움을 반영한 형태로 존재하게 되었다. 이처럼 2015 개정 〈동아시아사〉 교육과정은 이전 교육과정 개정보다 현장과 현실을 고려한 교육과정이었다. 그럼에도 앞에서 지적된 문제점들은 다음 교육과정에서 개선되어야 할 것이다.

도가 이수하였고, 지방에서 별도로 진행하지 않는 이상 동북아역사재단이 서울에 위치한 관계로 서울지역의 교사들이 대부분이다(동북아역사재단 정보공개청구와 http://www.nahf.or.kr 알림마당 참고.).

[*] 2009년 연수 일정을 살펴보면 "동아시아사 교육과정 개발 개요, 동아시아와 한국, 동아시아와 중국, 동아시아와 일본, 동아시아사, 무엇을 어떻게 가르칠 것인가?"로 구성되어 있다. 2013년에는 단원별로 연수가 진행되어 베트남사가 포함되었지만, 2014년부터는 "한번에 끝내는 일본사", "현대중국의이해", "한일협정50주년, 동아시아 속의 한일관계사" 등의 주제로 진행되고 있다.

제5장

보다 더 나은
〈동아시아사〉를 위하여

1. 선택과목 〈동아시아사〉는 필요한가?

서두에서 〈동아시아사〉 교육과정에 대한 논의가 필요한 시점이라는 것을 이야기했다면, 이번에는 〈동아시아사〉에 대한 의미는 무엇이며, 이를 바탕으로 〈동아시아사〉 필요성을 이야기하고자 한다.

첫째, 〈동아시아사〉는 공동의 평화와 번영을 지향하며, 동아시아에서 식민지배의 피해자였던 한국이 제시하였다는 점에서 의미가 있다.* 이러한 시도는 초국가적(transnational) 맥락에서 새로운 관심과 공감을 불러일으켰으며, 동아시아 역사 갈등과 해결책 구성에 새로운 가능성을 제시하였다.[1] 한 미국인 연구자는 동아시아 역사 인식의 공유를 위협하는 가장 큰 장애물은 제국시기 일본의 식민지주의와 최근 점차 부활 조짐을 보이는 중화주의라고 지적하였다. 그

---

* 일본에서도 동아시아사 필요성을 제기하였으며, 1995년 이를 고교 교과목을 도입하자는 제안이 나왔지만 제도화되지는 않고 있다. 대신, 일본은 『역사총합』이라는 필수과목을 신설하였고, 2021년 3월 30일 '세계사와 일본사를 통합한 근·현대사' 교과서가 검정을 통과했다(다나카 히토시·유용태, 『(사색과 대화를 위한 강의) 21세기 동아시아와 역사 문제』, 한울, 2018, 2020.).

들에게 〈동아시아사〉가 추구하는 지역사란 제국의 논리에 따라 과장된 자국사의 '영광스러운 과거'를 스스로 깎아내리는 자기와의 싸움이기 때문에 그만큼 힘겨울 수밖에 없다는 것이다.[2] 점차 우경화되고 있는 중국과 일본보다는 자신들의 힘으로 민주주의를 쟁취한 한국에게 희망이 있으며, 한국이 변화함으로써 일본이 간접적 충격을 받아 조금이라도 변화하게 된다는 강상중 교수의 언급 역시 한국의 〈동아시아사〉라는 과목 시도가 의미 있음을 뒷받침한다. 그러므로 공동의 평화와 번영에 도달할 수 있는 시기가 늦어진다고 하더라도 충분히 선도하고 공부할 가치가 있다.

둘째, 〈동아시아사〉는 한국 역사교육이 가지고 있던 자국사와 세계사 교육의 문제점을 일정하게 해결할 방안으로서 의미가 있다. 그동안 자국사가 국가 정체성 형성에 중점을 두었고, 세계사는 서구 중심(또는 중국 중심)의 관점으로 이해하였다면, 〈동아시아사〉는 각국에 대한 개방적이고 객관적인 관점을 채택하여 유럽 중심 및 중국 중심의 교육에서 벗어난 지역사*를 형성하였다. 자국사와 세계사 사이에 동아시아라는 역사 단위를 정립하는 것은 단순히 지식 영역의 확장에 그치지 않고, 자국사와 세계사의 이해 수준을 끌어올리는 효과가 있다. 즉, 〈동아시아사〉는 동아시아 속 국가들의 다양한 역사 발전, 정체성 및 그 공동체적 지역 질서를 이해하는 새로운 인식을 제공하였다.[3]

셋째, 〈동아시아사〉는 교과과정과 교과서의 일반적인 발전과정과 학문적 연

---

* 국가사의 경계를 낮추고 상대화할 필요는 인정되지만 국가사를 해체하여 지역사나 세계사 속에 묻어 버린다면 사람들의 구체적 생활의 실상에 부합하지 않는 스토리를 지어낼 가능성이 크다. 따라서 국가사와 세계 사이의 "독자적 문명을 가진 지역의 역사"가 있을 때 비로소 국가사나 세계사에서 간과되기 쉬운 부분을 포착할 수 있다. 따라서 지역사는 국가사에서 존재하지 않는 공간에 사는 이들이 역사 속으로 드러날 수 있다.

구들에 따른 교과서와 다르게 학문적 연구들에 앞서 개발된 첫 번째 교과서였다는 점에서 의미가 있다. 일반적으로 학문 영역(academic discipline)을 기반으로 개발되는 초·중등 과목과 달리 〈동아시아사〉는 학문적 기반이 확고하기 전에 만들어짐으로써 역사 연구와 역사 과목 개발 순서가 뒤바뀌면서, 역사교육에 집중하는 계기가 되었다. 〈동아시아사〉가 신설되고, 교육과정이 개발되면서 동아시아사를 어떻게 인식하고 체계화할 것인지 뼈대가 일차적으로 제시되었으며, 신설 이후 이와 관련된 연구들이 촉발한 것이다. 이를 통하여 역사와 역사교육의 관계를 재정립했을 뿐만 아니라 서로 호혜적일 수 있는 모든 새로운 가능성을 열어주었다.[4]

야마무로 신이찌(山室信一)는 '유행으로서의 담론(Discourse)'이라는 표현을 쓰며 학문이나 사상이 현실이나 사실에 뿌리내리지 않고 일종의 패션처럼 유통되는 실태를 꼬집었다.[5] 그러나 〈동아시아사〉는 관념적으로 주장만 하는 것이 아니라, 부족하지만 교육에서 현실성을 획득했다. 또한, 역사교육이 역사 연구의 성과를 토대로 이루어지지만, 역사학계의 풍부한 연구가 있고 일정한 경향성-통설이 형성될 때만 역사교육이 이루어진다는 것이 아니며, 역사교육이 역사학과 함께 역사를 다룬다는 것을 증명하였다.[6] 이러한 발전으로 인하여 한국 학계는 동아시아의 담론과 동아시아 역사의 학문적 정체성을 연구할 기회를 갖게 된 것이다.

이러한 의미를 바탕으로 선택과목으로서 〈동아시아사〉는 여전히 유효할까? 2022 개정 교육과정에서 〈동아시아사〉가 〈동아시아 역사기행〉으로 변화한 시점에서 어쩌면 유효성에 대한 판단은 끝났는지도 모른다. 그럼에도 '동아시아 공동체(동아시아 공동체는 동북아에 속한 국가와 관련된 주제를 중심으로 전개되었으나, 동아시아 경제성장과 1997~1998년 발생한 동아시아 외환위기를 진단하는 과정에서 '아시아적 가치'를 포함하면서 동남아를 포함한 동아시아로 확대되었다.) 형성 필요성'이라는 동아시아 현실을 고려한다면, 동아시아의 관계를 지탱할 인재 양성과 동아시아를 이해할 수 있는 교육의 필요성 입장에서 선택과목으로서의 〈동아시아사〉는 존재 의미가 충분하다고 판단된다.*

'동아시아 공동체'는 지구화와 지역화로 인한 동아시아 역내 실질적 통합의 진전과 변화된 경제적 여건에서 동아시아 국가 간 서로를 바라보는 시각의 변화, 1997년 동아시아를 덮친 외환위기 확산에 효과적으로 대응하기 위한 방법의 일환으로 관심을 두게 되었다. 지구화와 지역화는 세계체제와 지역 체제에서 각국이 처한 위치에 따라 새로운 기회를 제공해주기도 하지만, 예측하기 어려운 위험성도 증대시킨다. 따라서 이러한 인식을 공유하고 있는 국가들은 지구화와 지역화가 제공하는 기회를 향유하면서도 그 위험성을 최소화할 수 있는 방법으로 '동아시아 공동체' 건설에 주목하게 되었다.

지구화가 야기하고 있는 자본과 노동시장의 개방화, 국제결혼과 이주의 증대, 그리고 각국을 하나의 지역으로 엮고 있는 방송망과 정보통신망의 급속한 보급은 동아시아 국가들의 인적·문화적 교류를 급격히 증대시켰다. 또한, 20세기 말 서구가 주도해온 생태환경 파괴, 빈부격차와 인간관계의 원자화, 국제금융자본의 횡포 등을 근본적으로 극복할 수 있는 대안으로서 '동아시아 공동체'의 존재는 동아시아의 절박한 공동의 위기에 대응할 수 있는 가장 효과적인 방법이다. 특히, 한반도 비핵화 문제를 포함하여 동아시아의 갈등과 반목을 효과적으로 관리할 수 있는 집단안보체제에 대한 요구 및 북방 세력과 남방 세력

---

* 연구자가 생각하는 '동아시아 공동체'는 각국의 역사적 경험의 차이를 망각하고 공통적인 것만을 기억하는 것이 아니라, 차이와 공통에 대한 인식이 공유를 전제로 동아시아 평화와 번영이라는 공동의 역사적 과제를 해결하기 위해 노력하는 공동체이다.

사이에 형성된 대 분단체제로 인한 신냉전을 조성하며 긴장을 높이는 동아시아의 현실*은 학생들의 현재의 삶이며, 앞으로 살아갈 사회 및 세계인 것이다.

물론, 현재 동아시아는 경제 성장을 바탕으로 다양한 분야에서 교류와 협력이 활발하게 전개되는 한편, 정치과 군사 측면에서는 갈등이 증폭되는 불균형 현상이 존재하는 아시안 역설이 지속하고 있다.[7] 한반도의 균열은 깊어지고 있으며, 초강대국으로서의 중국의 부상 또한 "동아시아 공동체"의 전망을 어둡게 한다.[8] 동아시아라는 범주를 실감케 하는 것은 연대와 통합의 움직임보다 군사 충돌·영토분쟁 같은 갈등 사안이다. 동아시아 갈등 원인에 대한 여러 가지 분석들이 존재하지만, 장기간 공유된 전통 위에서 각국이 팽창지향의 속성을 내장한 자본주의와 국민국가 모델을 수용하여 상호 상승작용을 불러일으킨 결과, 오늘날 동아시아의 자국중심주의와 이웃 멸시 현상이 심하다는 분석은 주목할 만하다.[9] 따라서 근대의 내셔널리즘 비판만으로 풀릴 수 있는 문제가 아니며, 동아시아의 내면을 자기 성찰의 시각에서 따로 재조명해 보아야 할 이유인 것이다.

'동아시아 공동체'에서 정체성은 '동일성', '동질감'이 전제되지만, 그것에만 기반 하는 것은 아니다. 유럽정체성으로 상징되는 유럽통합(EU)을 구성하는 국가들이 정체성을 형성과정에서 동질감을 항상 가졌다고 보기는 어렵다.[10] 분명한 힘의 차이로 인해 침략과 저항, 강제합병과 분할시도가 빈번했던 유럽

---

* 이삼성은 동아시아에서 대 분단체제 형성에 역사적 궁극적 결정자를 '미-중 관계'로 보았다. 전후 유럽 질서는 미소냉전을 직접 투영하였고, 미소냉전 해체와 함께 유럽 냉전 체제는 즉시 해소되었다. 그러나 동아시아에서는 미소 냉전이 중국의 내면적 투쟁과 선택이라는 계에 의해서만 투영될 수 있다고 주장하였다. 또한, 동아시아 대 분단체제는 현재진행형이지만 과거에 그 뿌리를 두고 있다는 사실은 역사와 역사 인식이 현재 동아시아 국제질서의 성격에 중요한 변수라고 강조하였다(이삼성, 「동아시아 국제질서의 성격에 관한 일고」, 『한국과 국제정치』 22(4), 2006.).

대륙은 과거와 미래에 대해 보편적 준거에 바탕한 일정한 합의[11]를 이루었으며, 민족정체성의 경계를 넘어 지역 정체성을 형성해왔다는 점에서 적극적인 '통합'의 산물이다.* 유럽통합의 정체성의 경우 역사적 유산이며 과거를 통한 자기 성찰의 과정으로 그 자체가 역사성을 가지며, 공유된 역사적 트라우마에 대한 반성과 성찰을 통해 유럽 정체성을 성장시켜왔다.[12] 이처럼 미래 준비는 공통의 과거 이해 없이는 이룰 수 없으며, 과거의 공유는 현실과 미래 공유의 출발점이다.

특정 분야의 지식이 실질적 삶과 연결되려면, 그 배경적인 지식이 보완적 역할을 해야 한다. 엔지니어들이 인간에 대한 이해가 선행되어야 공학적 기술을 실용화시킬 수 있듯이 동아시아에 대한 이해가 있어야만 '동아시아 공동체' 속에서 살아갈 방법을 배울 수 있는 것이다. 교육은 교육받는 학생들을 둘러싼 사회 또는 지역 문제 그리고 그 국가의 세계적 위상이나 사회문화적 문제를 고려해야 한다. 교육에서 과목 자체의 가치도 중요하지만, 현실 속의 효용성도 간과할 수 없다. 그러므로 학생들은 지구화와 지역화로 인한 '동아시아 공동체'라는 새로운 사회에 필요한 지식을 습득해야 하며, 그 지식은 〈동아시아사〉에서 제공할 수 있다. 이것은 OECD에서 강조하고 있는 '학습자 주체성(learner agency)'을 기를 수 있는 토대도 마련할 수 있으며, 역량의 전이 효과를 높일 수 있도록 지식을 적용하고 활용하기 위해 실생활의 맥락(context)을 강조한다는 것과도 연관 지을 수 있다.

교과서에 무엇을 담을 것인가 못지않게 학습자가 필요로 하는 역사교육 내용은 무엇인지 고민하고 검토하는 과정이 역사교육 연구의 활성화를 위해 필요

---

* 동아시아에서는 『한 · 중 · 일이 함께 쓴 동아시아 근현대사』가 합의의 경험을 확보하고 누적해 가는 노력의 과정이 있다(신주백, 「국민에서 시민으로 : 새로운 동아시아사 인식의 가능성과 의미를 찾아서」, 『역사문제연구』 37, 2017, p.109.).

하다. 동아시아는 나날이 새로운 상황이 전개되고 있으며, 깊이 연계되어 가고 있다. 동아시아적 문제를 이해하고 해결하려는 통합적 접근을 해야 하며, 이것은 동아시아를 바라보는 시각에 대한 배움 없이는 해결되기 어렵다.

한국의 역사교육은 〈동아시아사〉의 등장으로 국가사(자국사)-지역사-세계사의 3분 체제를 수립하게 되었다. 동아시아 담론이 주변국에 대한 관심과 이해의 확대를 동반하였고, 그것이 민족주의 속에 갇혀 있던 우리 자신을 상대화하는 과정이기도 하였다면,[13] 역사교육 속 〈동아시아사〉는 동아시아 역사상의 재구성과 동아시아 공동체의 가능성을 모색할 기회를 제공하고 있다. 비록, 준비가 덜 된 상태로 출발하였음에도 동아시아의 현실·학계의 고민과 제안을 시도하고 있는 〈동아시아사〉는 선택과목으로서 충분히 그 필요성이 있다.

2. 어떤 〈동아시아사〉여야 할까?

해방 이후 역사교육에서 세계사 교육은 늘 '위기'였으며, 그 입지는 꾸준히 좁아져 왔다. 자국사와 세계사 교육의 문제점을 극복하기 위한 대안으로 시도된 〈동아시아사〉 입지 역시 늘 불안했다. 다양한 원인이 복잡하게 있지만 자국중심주의, 서구중심주의 외에도 한국 특유의 입시 경쟁, 대학수학능력시험이라는 입시 체계 등, 국가 교육정책 차원에서 다루어야 할 문제들도 있다. 이러한 문제는 현실적으로 역사학계와 역사교육학계에서 주도하기 어렵다. 반면, 〈동아시아사〉 교육과정의 체계나 내용, 내용 요소 선정 등은 연구자가 주도해야 할 영역이다. 물론 현재 〈동아시아 역사시행〉 교육과정이 고시되었고, 그에 따른 교과서가 쓰여 있는 상황이지만, 이 글은 역사교육 연구자가 선택과목 〈동아시아사〉가 존속되었다면 어떻게 구현되어야 했을까 하는 차원에서 제언하고자 한다.

(1) 지역사, 경계를 넘을 수 없을까?

〈동아시아사〉는 신설 당시 동아시아 지역의 긴장관계를 해소하고 협력적인 미래를 위하여 '지역사'를 선택하였다. '평화와 번영이 공동체'로의 발전을 위해 '한국사 중심의 동아시아사'는 역사 갈등 해결에 도움이 되지 않는다는 판단이었다. 또한, 1972년 국사교육 강화 방안을 수용한 뒤 체제 내지 정권 유지에 이용당한 쓰라린 과거의 역사적 경험으로 인하여 한국사를 전면으로 내세우는 것에 대한 연구진의 거부감도 '지역사'를 선택하는 데 영향을 주었다. 지역사로의 〈동아시아사〉는 비교와 연관을 통해 연쇄성, 역동성, 다측면성을 드러내며 국민국가의 틀을 넘어서는 기억을 만들어 낼 수 있으며, 이를 통해 역사인식을 상대화하여 배타적 민족주의를 경계할 수 있다. 또한, '공통'만이 아니라 '공동'을 지향할 수 있으며, 복수의 시선이 존재할 수 있다는 열린 자세를 통하여 연대를 만들어 간다는 실천적 장점도 있다.[14] 따라서, 한국이라는 일국의 역사와 현실에 발을 딛고서 세계사와 소통하되 단지 자국사의 확장이 되지 않도록 자신을 성찰하기 위한 것이 〈동아시아사〉가 지역사로서 추구하는 지향점이다.[15]

지역사로 〈동아시아사〉는 결국 〈동아시아사〉의 공간적 범위와 연결된다. 〈동아시아사〉의 공간적 범위는 "오늘날의 중국, 한국, 일본, 베트남, 그리고 그 외의 동아시아 전 지역"이라고 명시하고 있으나, 교과서의 실제 서술에서는 한 · 중 · 일 3국에 간헐적으로 언급되는 베트남으로 한정되어 있어 협의의 동아시아로 구성되어 있다. 동아시아의 외연을 규정하는 일은 매우 어려운 일이다. 결국, 어디까지를 동아시아의 범주에 포함하는가의 문제인데, 한국의 담론 속에서 동아시아는 동북아 특히 한·중·일 삼국으로 상정하는 경우가 많다. 따라서 〈동아시아사〉 신설 당시 교육과정 연구진은 한·중·일 삼국을 중심으로 하되, '베트남'을 연결고리로 미래에는 동남아시아까지 포함될 가능성을 열어두었다. 그러나 앞서 검토한 것처럼, 〈동아시아사〉는 두 차례의 개정을 거치며 '지역사'도 동남아시아와 연결고리로서 베트남도 점점 희석되었다. 물론, 동아시아의 범위는 고정된 경계나 구조를 가진 실체가 아니라 지역을 구성하는 주체의 행위에 따라 유동하는 역사적 공간으로 시대별로, 그리고 인식주체의 인식에 따라 탄력적으로 신축될 수 있다. 그러나 궁극적으로 동남아시아를 포함한 '지역사'로 구성하는 것이 〈동아시아사〉가 도달해야 할 목표라고 생각한다.

동남아시아를 포함한 동아시아는 어색한 것은 아니다. 1997년 외환위기로 '아세안+3(한·중·일)'이라는 경제 협력체가 결성되어 동남아시아와 동북아시아가 하나의 단위로 사고되기 시작하였으며, 동북아시아와 동남아시아가 만날 때 '동아시아'가 형성된다는 인식에 공감대를 갖게 해 주었다. 동북아시아를 배제한 동아시아가 존재할 수 없듯이 동남아시아가 빠진 동아시아도 상상할 수 없게 된 것이다. 동아시아 지역 내의 인적·물적 교류는 점점 늘어나고 있으며, 이러한 변화들이 일명, 동북아시아 3국에 국한되어 이루어지지 않고 있다. 이제 동남아시아를 포함한 동아시아는 사회적 사실이자 현실이다.* 따라서 유럽경제공동체(EEC) 이래 유럽통합이 6차례 확장했던 것처럼, 동아시아도 공간

---

* 박승우는 중국과 일본의 동아시아에 대한 일반적인 인식 역시 동남아를 포괄하는 동아시아임을 언급하면서, 동북아시아를 하나의 지역으로 상정하고, 하나의 지역으로 묶는다는 구상은 학문적, 정치적, 국내적 용도로 쓰일 수는 있어도 현실적으로 대외적 호응을 얻기 힘들다고 하였다(박승우, 「동아시아 공동체 담론 리뷰」, 『아시아리뷰』 창간호, 2011, p.93.).

적 범주가 확장되어야 하며, 학생들에게 동남아시아를 포함한 동아시아 지역을 〈동아시아사〉를 통해 상상할 기회를 제공해야 한다.

한국 역사학계에서도 한자문화권 4국을 중심으로 동아시아의 범위를 상정하던 것에서 동남아시아를 포함하는 변화로 이어졌다. 최병욱의 『동남아시아사 : 전통시대』, 조흥국의 『한국과 동남아시아의 교류사』, 유인선의 『베트남과 그 이웃 중국』 등의 개론서들에서 교류와 교역이 동남아시아와 지속해서 이루어졌음을 강조하거나, 상호연관성을 드러내는 동아시아 지역사적 시각을 담기도 하였다. 이런 연구를 바탕으로 한국의 학문적 사유 단위로서의 동아시아가 동북아시아를 넘어 동남아시아까지 포괄하게 되었다.[16]

동남아시아를 포함한 동아시아 개론서도 등장하기 시작했다. 유용태 등의 『함께 읽는 동아시아 근현대사』, 워런 코헨(Warren Cohen)의 East Asia at Center,[17] 신주백 등의 『처음 읽는 동아시아사』, 양췬 · 장나이허 주편의 『(선사에서 20세기 말까지) 동아사』 등 각각 시기와 포함되는 범위가 다르기는 하지만 동남아시아를 포함한 역사 단위로 동아시아의 가능성을 시도하고 있다. 물론, 아세안(ASEAN : Association of Southeast Asian Nations)에 소속된 동남아시아까지 제대로 포괄하는 〈동아시아사〉를 구성하는 구현하는 것은 현실적으로 어려운 작업일 수 있음으로, 협의의 동아시아를 중심으로 동남아시아를 연관시키는 방식으로는 시작한다면 교과서 내용을 담보할 수 있다.* 예를 들어, 현재 〈동아시아사〉 교육과정에서 은 유통을 통해 해양권의 변화까지 포괄하여 서술한 것이 있으며, 식민지 · 반(半)식민지화된 동아시아의 국가와 민중의 모습, 또는 탈냉전시기를 구분하지 않고 '냉전체제' 속에서 '분단체제'라는 용어를 사

---

* 대표적인 책이 유용태 · 박진우 · 박태균의 『함께 읽는 동아시아 근현대사』이다.

하여 유럽의 냉전체제와 다른 동아시아적 특징을 드러내는 방법도 있다. 이러한 학문적 성과를 바탕으로 2022 개정 〈동아시아 역사기행〉 교육과정에서는 '동아시아'의 공간적 범위를 "지역성에 기반하여 동북아시아와 동남아시아를 아우르는 넓은 의미의 '동아시아'"로 명시하였다. 이러한 범위의 확장은 이전 〈동아시아사〉 교육과정에서 진일보했다는 의미가 있다.

일명 광의의 동아시아를 구성한다고 하더라도 현재 〈동아시아사〉에서 소홀히 하는 북한, 타이완 등을 포함하여야 하며, 범위 내 역사 주체들이 상호 유기적으로 연관되어 있으면서도 각각의 독자성을 유지하고 있음을 드러낼 수 있도록 구성해야 한다. 이러한 구성이 되지 않는다면, 현재처럼 국가사 나열에 그칠 수밖에 없다. 예를 들어 동아시아의 시각에서 바라보면 북핵은 복합적 의미를 지니므로 북한으로만 귀속시켜 서술하는 것이 아니라 동아시아 각 주체의 이해관계와 역학관계가 중층된 결과로 서술해야 한다. 동아시아 시각에서 바라보면 북핵문제는 무기개발을 둘러싼 안보문제인 것만 아니라 국가 형태의 상이성, 국가 간·국가관계 간 비대칭성, 탈냉전의 추세를 불구하는 동아시아 분단체제의 지속 등 동아시아적 조건과 상황으로 집약되어 표출되는 문제이기 때문이다.[18]

동아시아에서 동북아시아보다 동남아시아를 빼고 동아시아 상을 그리는 것에 대하여 상대적으로 빈곤한 동남아시아에 대한 패권주의라는 비판도 존재한다. "지금까지 어떤 힘과 의도에 의해 형성되어 왔고 또 지금도 형성 중인 것으로 동아시아라는 지역을 파악할 때 '동아시아란 무엇인가'라는 질문보다는 '어떤 동아시아인가'라는 질문이 더 중요"하다는 백영서의 지적처럼 "지금 동아시아 지역 내부의 상호단절 혹은 상호의존의 진상을 겸허하게 파악하면서 실천적으로 개입하는 일이 훨씬 중요"하다.[19]

(2) 근·현대사로만 구성할 수는 없을까?

〈동아시아사〉는 대단원 안에서는 주제 중심을 표방하지만, 전체적으로는 고대부터 현대까지 구성되어 있다. 근 · 현대사를 중심이 아닌 선사시대부터 현대까지 구성된 이유는 '지역사'를 선택한 것과 비슷한 이유이다. '한국사 중심의 확대된 동아시아사'가 갈등과 긴장감을 조성할 수 있다는 판단처럼, 갈등의 본격화 되었던 근현대사 이전 한자, 유교, 율령제, 불교의 요인으로 묶을 수 있는 동아시아를 언급함으로써 '평화와 번영의 공동체'의 기원을 찾은 것이다.

2015 개정 〈동아시아사〉 교육과정에서 전근대 단원의 통합으로 인해 근 · 현대사가 차지하는 비율이 늘어났지만, 여전히 전근대 비율이 높다. 그러나 학생들이 현실 사회를 살면서 직면할 다양한 문제를 성찰적으로 인식하고 주체적으로 문제를 해결할 수 있는 힘을 기르기 위해 교육이 이루어진다는 점을 고려하면, 근 · 현대사 특히, 현대사 교육에 많은 관심을 기울여야 한다.[20] 근 · 현대사 교육을 강조하는 맥락은 학습자의 삶과 가장 맞닿아서 그들의 삶에 유의미한 의미를 제공해 줄 수 있다는 점에서 의미가 있다. 근 · 현대사는 학습자의 삶과 맞닿아 있는 가까운 이야기면서 동시에 민감하고 예민한 논쟁을 포함한다. 학생의 구체적 삶을 역사 교실에 불러와 삶 그 자체로 역사를 생각하는데 현대사 교육이 가진 이점이다.[21]

그러므로, 동아시아의 경우 근 · 현대사를 중심으로 모색할 필요가 있다. 16세기 이후 근대 세계체제는 다원화 · 중층화하고 있었다. 특히, 근대 동아시아 세계는 글로벌한 차원의 세계 체제, 지역 질서, 국민국가가 중층적으로 교차하는 세계로 제국주의, 국민국가, 식민지의 트랜스내셔널한 지역 질서가 구축되었다.[22] 이처럼 동아시아는 근 · 현대시기에 상호 밀접한 연관 속에 전개되었으므로 세계사를 구성하는 동아시아 지역사의 관점에서 비교사적 이해가 필요하다. 그래야 각국사의 합이 아닌 세계사의 인식에 다가갈 수 있다.

'평화와 번영의 공동체'의 기원을 찾는 이유로 전근대까지 포함한 〈동아시아사〉가 그동안의 〈동아시아사〉이었다면 동아시아를 역사적 실체로 작동하게 하는 가장 중요한 기반이었던 '근대'부터 구성하여 '평화와 번영의 공동체' 형성을 방해하는 거리감과 갈등을 정면으로 마주하는 것이다. 국가 간의 과도한 속도 경쟁은 그 성취를 위해 이웃국가의 희생을 강요하게 되는 상호 연관성을 드러내면서 성취를 위한 희생을 되돌아보게 하는 성찰적 역사를 구성할 수 있다. 물론, 동아시아의 근·현대사 시작점을 정하는 문제가 논쟁거리일 수 있다. 근·현대사라고 하여 통상적인 19세기 중엽의 개항을 근대의 기점으로 삼는 것이 아니라 17세기 초부터 범위를 넓히는 것이 적절할 것이다.

(3) '철저한 주제 중심' 구성은 불가능할까?

학교 현장에서 〈동아시아사〉에 대한 어려움을 토로할 때 가장 많이 언급되는 것이 주제 중심 구성이다. 〈동아시아사〉는 신설 이래 '연대기적 주제 중심' 구성을 선택한 이래 큰 변동 없이 유지되고 있다. '철저한 주제 중심'구성은 신설 때부터 고려되었으나, 고등학교 수준에서 적합하지 않다는 주장과 연대기를 무시하게 되면 역사상을 잡기 어렵다는 의견 속에서 제외되었다. 이후 두 차례 개정에서는 교육과정 연구진 내에서 의견이 개진되었으나, '현장에 적용되기 전 새로운 교육과정 등장'이라는 상황과 '짧은 개발 기간' 등으로 구현되지 못하였다.

주제 중심 구성은 사회과에서 일반적인 내용 구성방식이며, 실생활 속에 문제를 해결하고 학생들로 하여금 창의적·비판적 사고를 길러 줄 수 있는 적절한 방식이다. 또한, 주제 중심 구성은 연대기적 정치사 중심의 국가주의 서사를 극복한다는 것과 더불어 사실 지식의 효율적 주입이라는 방식에서 벗어나 학생들을 중심에 세우고 이들이 다양한 방식으로 역사를 탐구할 수 있다.[23] 이미 2015 개정 교육과정에서는 학습량 감축과 역량 중심 교육과정의 취지를 뒷받침한다는 정신에 따라 주제식 구성을 취하였다. 이전 교육과정에서 '단원'에 해당하던 것들이 대주제-소주제 방식으로 전환되었다. 그러므로 〈동아시아사〉가 '철저한 주제 중심'으로 구성될 경우 다른 사회탐구영역에서 비판하는 계열성 확보 문제를 개선하는 데 활용될 수 있으며, 학습용어를 정리함으로써 학생들의 학습 부담을 줄여 대학수학능력시험에서 학생들의 선택률을 높이는 데도 이바지할 있다.[24]

그렇다면 〈동아시아사〉는 '철저한 주제 중심'구성은 구현되기 어려운 것일까? 2015 개정 〈동아시아사〉 교육과정은 이전 교육과정이 '현장에 적용되기 전 새로운 교육과정 등장'이었던 것에 비하여 기초연구로서 『역사과 재구조화 연구(2014. 3.-2014. 10.)』도 존재하였으며, 본격적 교육과정 개발 기간 역시 1년여(2015. 1.-2015. 5.) 정도였다. 따라서 교육과정 수준에서 '철저한 주제 중심'에 대한 고민은 있었으나, 큰 문제가 없으니 관성적으로 흘러갔던 것은 아닐까? 〈동아시아사〉는 "해진 옷을 기워나가는 방식으로 부분적이지만 지속적으로 수정하는 운명"이 아니었을까?

'철저한 주제 중심'구성이 구현되기 어렵다고 주장하는 관점은 크게 두 가지로 나눌 수 있다. '철저한 주제 중심' 구성이 자체가 학생들에게 어렵다는 것과 동아시아사의 연구 성과로는 구현되기 어렵다는 것이다.

첫째, '철저한 주제 중심' 구성은 학생들에게 정말 어려울까?

현재 〈동아시아사〉는 두 차례에 개정을 거치며 통사적 성격이 강해졌다. 통사의 성격이 강해질수록 서술 구조는 '성글'기 어렵다. 2015 개정 〈동아시아사〉 교육과정에서는 대단원이 축소되었음에도 실질적 학습 요소들이 그대로 존재하는 것만 보아도 알 수 있다. 대주제를 몇 개의 소주제로 나누고 이를 다시 몇 개의 항목으로 나눈 뒤 국가별 사정을 나열하는 식의 구성은 하나의 주제에 대한 〈동아시아사〉가 추구하는 상호연관 및 비교는 학생이 스스로 해결해야 하는 영역으로 남아있다. 이러한 서술이 통사보다 어려운 것은 당연한 일이다. 〈동아시아사〉가 어려운 것은 앞에서 언급한 것과 같이 자국사 이외의 역사에 대한 통사적 지식이 없기 때문이다.

연대기식 내용은 어렵고 주제 중심은 흥미롭고 쉬울 것이라는 근거 또는 그 반대 견해는 구체적인 이론적 · 실증적 근거가 있지 않다.[25] 다만, 〈동아시아사〉에서 주제 중심 구성이라 어렵다는 주장은 결국 현재 중학교에서 세계사 교육이 제대로 이루어지지 않았다는 증거이다. 그렇다면 선택과목인 〈동아시아사〉의 통사적 성격을 강화하지 말고, 중학교에서 선행되고 있는 세계사 교육의 정상화가 먼저이지 아닐까? 이에 교사 연수 및 다양한 참고자료집들이 개발 보완된다면 교사의 어려움도 해결될 수 있다.

둘째, 지금의 연구 성과로 '철저한 주제 중심' 구성이 어려울까?

2007년 〈동아시아사〉가 신설될 때를 생각한다면, 충분히 가능한 비판이다. 연구가 바탕이 되지 않은 새로운 시도는 정당성을 얻지 못하기 때문이다. 그러나 2023년 현재 동아시아사는 외적 · 내적으로 괄목할만한 성장을 이루었다. 외적으로는 교육부가 교원 자격을 부여하기 위해 요구하는 전공과목도 2009년부터 '동양사'에서 '동아시아사'로 변경되었다. 그와 동시에 동아시아 관련 연구소들 등장과 공동연구의 활성화, 다양한 국제학술대회 등으로 동아시아 연구 입문서부터 다양한 연구 성과들이 축적되었다. 신설 때와는 다르게 '철저한 주제 중심'을 시도할 만큼의 역량을 갖추었다. 사실 〈동아시아사〉가 '철저한 주제 중심'으로 구성되어야 한다는 주장들은 꾸준히 제기되었으며, 연구에 따라 구체적 상을 제시하고 있는 예도 있다.

그러나 이러한 연구들에서도 대단원 수준은 연대기로 구성하되 중단원에서 주제사로 제시하는 경우가 대부분이다. 이러한 방식도 대안이 될 수 있지만, 대단원 수준에서도 주제를 중심으로 풀어가는 방법도 고려해 볼 필요가 있다. 예를 들면, 그동안 다양한 연구들에서 언급한 동아시아사의 특징*을 참고하여 대단원을 Ⅰ. 동아시아의 특징, Ⅱ. 교류와 협력, Ⅲ. 차이와 인정, Ⅳ. 성찰과 화해, Ⅴ. 상대화로 제시하고, 그 아래에 주제들을 선정하여 결합하는 방식이다. 각 대단원 아래 중단원 수준에서도 민주주의, 산업화, 냉전, 이주, 제국주의 등을 주제로 구성한다면 〈동아시아사〉의 특징을 한눈에 드러내면서, 통사적 흐름이 강화되는 한계를 보완할 수 있다. 예를 들어, 교류와 협력이라는 대단원 아래에는 "디아스포라를 통해 본 개척과 이민"이라는 주제를 배치하거나, 상대화 대단원에 "이중의 억압 속 소수민족" 등을 제시할 수 있다.

또는, 역사적 사고의 4가지 범주를 제시한 미국의 교육과정 가이드라인인 C3를** 참고하여 Ⅰ. 동아시아의 특징, Ⅱ. 변화 · 연속성 · 맥락, Ⅲ. 관점, Ⅳ. 역사적 사료 및 증거, Ⅴ. 인과와 논증으로 대단원명으로 제시하고, 갈등, 인물, 전쟁, 이주, 공감, 교류 등 기존 동아시아에서 중요하게 연구되었던 것에서 전이가 가능한 주제들을 선정하여 결합하는 방식을 고려해 볼 수 있다. '전통 지

---

* 〈동아시아사〉의 특징이나 대안을 부분적으로 언급하고 있는 연구들은 다양하지만, 범주화 · 개념화한 연구들은 다음과 같다(황지숙, 앞의 논문; Ku N. H., op. cit., 2017.).

** 미국에서는 2013년 교육과정 가이드라인인 C3 프레임워크를 발표하였는데, 역사적 사고의 4가지 범주를 제시하였다(National Council for the social Studies, *The College, Career, and Civic Life(C3) Framework for social studies state standards*, (MD: Silver Springs, 2013).

식인의 시선(관점)으로 바라본 전환기(근대)'와 같이 충분히 기존 연구 성과를 가지고 지금과 다른 방식으로 구현해 낼 수 있다.

다만 어떠한 방식으로 대단원 구성이 되더라도 가장 중요한 것은 서술에 있어 기존 서술과는 다른 관점으로 제시되어야 한다는 것이 중요하다. 기존에 서술이 제국주의적 관점에서 서술되었다면 제국주의에 맞선 사람들에 대하여 서술한다든지, '위안부'에 대한 서술을 국제연대 차원에서 풀어가는 방식으로 서술되어야 한다.

교육과정은 시대별·국가별 연구자로 연구진이 구성되는 관계로 '틀'을 깨는 어려움이 분명 존재한다. 모든 것을 포함하고 다뤄야 한다는 압박감이나 교육과정 연구진 구성에 비추어보면 '연대기적 주제 중심' 구성은 계속될 가능성이 높다. 그럼에도 교육과정 추세 상 내용 감축의 요구는 지속될 가능성이 높다. 2015 개정 교육과정에서 교과서 페이지를 통제하였던 것을 고려해 본다면 '연대기적 주제 중심' 구성의 틀을 둔 채로 어떤 내용요소를 뺄 것인가가 교육과정 논의의 핵심이 될 수 있다. 이러한 방식은 기존 〈동아시아사〉의 문제점만 강화될 가능성이 높다. 그렇다면 어렵다고 안 가르칠 것이 아니라 학생들이 쉽게 학습할 방안을 찾아야 한다. '철저한 주제 중심' 구성이 연대기식 역사 서술에 대한 가장 훌륭한 대안이라는 것은 아니다. 다만, '주제 중심 구성'을 표방하였으나, 충분히 구현할 수 있음에도 통사라는 관성에서 벗어나지 못하고 있는 〈동아시아사〉의 구성 방식은 〈동아시아사〉의 특징을 살리기 위해서라도 과감한 변화가 필요하다.

〈동아시아사〉 교육과정을 넘어

〈동아시아사〉가 교육과정으로 등장한 지 14년이 되었다. 역사 속으로 사라질 뻔했던 시기도 있었지만, 두 차례 개정이 이루어지는 동안 검정 교과서 수는 늘어났으며, 학생들의 선택률도 유의미하게 증가하였다. 또한, 역사 교사를 대상으로 '평화교육'으로서의 〈동아시아사〉에 대한 반응도 대체로 긍정적이었으며* 〈동아시아사〉 수업이나 동아시아와 관련된 수업을 진행 후 학생들의 반응도 긍정적이다.[1]

　　2022 개정 교육과정의 기초연구인 〈역량 함양 사회교과군 교육과정 재구조화〉 연구에서도 〈동아시아사〉는 일반선택과목 성격에 부합하며, 학문 내 분화를 반영한 특성이 있다고 지적하였다. 또한, 교과교육 전문가 및 현장 교사들이 참여한 전문가 협의에서도 〈동아시아사〉와 〈세계사〉는 각 과목의 학습 경험이 학생에게 갖는 의미의 측면에서 서로 구분되며, 기대하는 학습 성과 측면에서 선택과목으로 분류되는 것이 적절하다는 의견[2]이었음에도, 일반선택과목 수

---

*　　적절하다. 59.2%, 적절하지 않다. 24.7%, 잘 모르겠다. 16.1%(《포스트코로나 대비 미래지향적 사회교과군 교육과정 구성 방안 토론회 자료집》, 2021년 3월 24일, 온라인 개최.).

감축으로 〈동아시아사〉는 진로선택과목으로 위치가 변경되었다. 고교학점제에서 학생들의 진로와 적성을 다양하고 깊이 있게 탐색한다는 방향과 일반선택과목 수의 감축은 어긋나며, 교육부가 주장한 일반선택과목의 '많고, 적음' 기준의 모호성이나 일반선택과목이 진로선택과목 또는 융합선택과목으로 재편하는 방식이 어떤 의미가 있는지 근거는 없다. 그럼에도 각론의 의견은 무시당한 채 교육부의 입장은 관철되었다. 결국 2022 개정 교육과정에서는 〈동아시아사〉는 일반선택과목에서 진로선택과목으로 그 위치를 이동하였으며, 과목명도 〈동아시아 역사기행〉으로 변화하였다.

그렇다면 과목명, 성격, 내용 체계까지 모두 변환 지금 이 시점에 이 책에서 제언할 수 있는 것은 무엇일까? 교육과정 개발 논의 측면에서 두 가지를 제시할 수 있다.

첫째, 수시 개정 체제의 장점을 포기하지 않는다면, 개정 논의 및 기초 연구가 총론도 각론도 충분히 이루어져야 한다. 이 과정에서 총론과 각론의 괴리를 극복할 수 있는 토대가 마련되어야 한다. 수시 개정 체제라는 이름 아래 정권의 변화와 함께 교육과정 개정이 추진되면서, 2011 개정 〈동아시아사〉 교육과정 개발 연구진과 2015 개정 〈동아시아사〉 교육과정 개발 연구진은 개정 이유도, 개정 필요성도 크게 공감하지 못하였다. 〈동아시아사〉의 경우 현장 검토도 받지 못한 상황이거나, 현장의 검토를 받기 시작하여 그에 따른 연구들이 시작되고 있는 상황이었다. 또한, 2015 개정 교육과정 총론에 새로 도입된 개념들은 역사과에서 그 연구가 미비하였다. 이처럼 새로운 개념에 대해 교과 내부에서 자체적으로 충분한 논의가 없는 상황에서 결과물을 만들어내는 과정은 교육과정 개발에 어려움이 발생한다. 본문에서 검토한 것과 같이 짧은 개정 주기는 변화의 방향을 예측하기 어려우며, 기초 연구가 사전에 충분히 축적되기 어렵다는 문제점이 발생하며, 이로 인한 교육과정의 질 역시 보장하기 어렵다.

또한, 그동안 교육과정 개정마다 총론과 각론과의 괴리는 늘 비판 대상이었으나 이 책에서 살펴본 것과 같이 총론이 먼저 확정되고 각론이 개발된 개발에서도, 총론과 각론이 동시에 개발된 상황에서도, 총론과 각론 간 괴리는 해결되지 못하였다. 2011 개정 〈동아시아사〉 교육과정에서는 총론에서 제기된 논의의 맥락은 사라진 채 각론 수준에서는 성취기준 수 20% 감축이라는 교육과학기술부의 지침으로만 남았다. 2015 개정 〈동아시아사〉 교육과정에서는 동시에 개발되었음에도 불구하고 충분한 공감대 형성 없이 총론의 일방적인 틀을 강요하였다. 특히, 총론에서 제시한 교육과정 용어의 경우 총론 내부에서도 미묘한 차이가 있었으며, 그로 인하여 각론 수준에서는 혼란이 가중되었다. 그러므로 총론과 각론 사이의 괴리를 극복하기 위해서는 총론의 일방적인 의견 전달이 아닌 양방향의 의사소통을 전제로 각론 연구진의 의견이 개진될 수 있는 상시적 공론의 장을 마련해야 한다.

둘째, 교육과정 개발 과정에서의 쟁점과 논의는 다음 교육과정 개발에 활용되기 위하여 정리 · 기록되어야 하며, 여기에는 교육과정을 '설계'의 개념만이 아닌 '정책'의 측면까지 포함되어야 한다. 공식적인 교육과정 문서와 연구 보고서는 연구진의 문제인식과 논의들이 지워진 채 합리적인 모습으로 제시된다. 또한, 교육과정 개발에 참여한 연구진은 교육과정 개발에 참여 후, 정책과 학술을 분리하는 경향으로 인하여 실존적 경험을 토대로 교육과정을 분석한 논문도 많지 않다. 개발 과정 중에 이뤄졌던 논의들이 무엇이며, 어떻게 조정되었는지는 교육과정이 고시되었다고 끝이 아니라 검토되고 반성되어야 한다. 이러한 과정이 반복되어야만 교육과정 개정 과정에서 같은 시행착오가 되풀이되지 않고 점진적이고 지속적인 변화가 이루어질 것이다. 교육과정 개발 과정에서의 쟁점이나 이견 모습이 그대로 보존되고 기록되었을 때, 교육과정 개발의 역사로부터 배움을 얻을 수 있다.

교육과정 개정 측면에서 AI 시대를 살아가야 할 학생들에게 길러주어야 할 능력과 이를 길러주기 위해 학생들에게 가르쳐야 할 내용이 무엇인지를 확인하고 구체적인 대응 방안을 모색하는 일이다. AI 시대를 위한 교육이 SW 교육에 국한된다고 보아서는 안 된다. 더욱 근본적으로는 창의적이고 융합적인 사고 능력을 함양하는 것이 핵심과제이다. 이러한 능력은 '새로운 질문'을 제시할 수 있는 능력으로 표현되기도 한다.[3] 이러한 시대적 상황에서 〈동아시아사〉는 국가사의 편협한 시각에서 벗어나 지역사의 시각에서 이웃 나라들과 상호연관성과 공존을 추구하면서도 각 역사 주체들의 독자성과 다원성을 인정하자는 취지를 살려 이웃 나라에서도 공감을 얻을 수 있는 방향으로 진화해 가야 했으나, 〈동아시아 역사기행〉으로 변경되며, 그 방향성을 상실하고 말았다.

그렇다면 〈동아시아 역사기행〉이 고려해야 할 것은 무엇일까? 진로선택과목 선택률의 증가일까? 이 부분을 전혀 고려하지 말아야 한다는 것은 아니다. 학생의 과목 선택권 확대와 보장도 중요하지만 학생의 과목 선택이 유의미하며 가치 있는 선택이 되도록 해야 한다. 이미 학생들의 생활 범위는 국가 경계 너머로 확장되었으며 평범한 일상의 네트워크 안에서 이질적인 문화 주체들을 접하는 일이 빈번해졌다.[4] 그러나 역사학습의 내용은 학생 삶과는 관련이 부족하고, 이러한 이유로 학생들은 그저 지나간 "옛날이야기"로만 여기고 흥미를 느끼지 못한다.[5] 그러므로 학생들이 살아가는 데 알아야 할 지식이나 사회적 실천을 할 수 있는 능력이 필요한 내용으로 '의미 있는' 〈동아시아 역사기행〉이 구현되어야 한다. 이미 지구화·지역화는 학생들에게 일상적 경험이며 현실이다. 〈뉴욕타임스〉의 동경지국장이었던 니콜라스 크리스토프(Nicholas D. Kristof)

는 일본이 동아시아의 국가들에 보다 진지하게 자신의 과거 전쟁범죄에 대해 인정하고 사죄한다면, 동아시아에 보다 항구적인 평화를 확립하는 데 10만 미국 군대보다 실질적 기여가 될 것이라고 지적한다.[6] 그만큼 지역의 평화에 대한 역사적인 차원이 갖는 중요성을 강조하는 것이다.

〈동아시아사〉는 과거 역사 속에 형성되어 온 실체로서 동아시아의 정체성을 묻는 것이 아니었다. 역사를 바탕으로 현재와 미래의 동아시아를 이해하기 위해 동아시아 전체를 큰 그림을 그려낼 수 있는 안목을 확보할 수 있는 시도한 과목이었다. 따라서 〈동아시아 역사기행〉이 〈동아시아사〉의 문제의식을 이어 가고자 한다면, 비판적 지역 이해와 상호 교류 속 새로운 동아시아를 꿈꾸는 미래의 측면을 더욱 강조해야 할 것이다. 이상으로 이 책에서 〈동아시아사〉 신설부터 두 차례 개정까지 교육과정 개발 논의에 대한 검토 및 여러 측면에서의 제언을 제시하였다. 따라서 추후 〈동아시아 역사기행〉뿐 아니라 역사과의 교육과정 개선을 위한 후속 논의에 조금이나마 도움이 될 수 있기를 기대한다.

미주

▶ 들어가며

1 임우경, 「비판적 지역주의로서 한국 동아시아론의 형성」, 『동아시아사 연구, 어떻게 할 것인가』, 성균관대학교출판부, 2016, pp.164~167.
2 정동연, 「2022 역사과 교육과정 선택과목 개발의 쟁점과 논리」, 『역사교육논집』 83, 2023, p.54.
3 박진동, 「역사교육 평가 연구의 성과 분석과 향후과제」, 『역사교육연구』 22, 2015, pp.196~197.

▶ 제1장

1 차미희A, 「한국 역사교육에서 고등학교 〈동아시아사〉의 의미」, 『梨花史學研究』 48, 2014, p.135.
2 전국역사교사모임편집부, 「중등 세계사 교육의 枯死, 역사교육의 위기」, 『역사교육』 57, 2002.
3 유용태, 『동아시아사를 보는 눈』, 서울대학교출판문화원, 2017, p.14.
4 조지형, 「새로운 세계사와 지구사 : 포스트모던 시대의 성찰적 역사」, 『歷史學報』 173, 2002, pp.338~341.
5 강선주, 「세계사 교육의 '위기'와 '문제' : 역사적 조망」, 『社會科敎育』 42-1, 2003, pp.75~76.
6 강선주, 위의 논문, pp.78~79.
7 유용태, 앞의 책, 2017, p.148.
8 김한종, 「중・고등학교 역사 과목의 편제 방안」, 『역사교과서 체제 모색을 위한 워크숍 : 역사교과서의 국사와 세계사 편제』 자료집, 2005년 8월 12일, 성균관대학교 퇴계인문관.
9 정 연, 「고등학교 〈동아시아사〉의 성격과 내용 체계」, 『동북아역사논총』 19, 2008, pp.11~12.
10 김정호 외, 『(CRC 2005-9) 사회과 교육과정 개정(시안) 연구 개발』, 한국교육과정평가원, 2005, p.45.
11 김한종, 「중등 역사교과서 개편의 과정과 성격」, 『한국고대사연구』 64, 2011, p.11.
12 김한종, 「교육과정은 누가 어떻게 만들어야 하나」, 『'한국사' 교육과정 논란과 역사교육 정상화 방안 모색 학술 토론회 자료집』, 2011, p.3.
13 구난희, 「1990년대 이후 역사교육 정책 네트워크의 구조와 양상 변화」, 『歷史敎育』 127, 2013, pp.42~43.
14 이신철, 「한일 역사갈등 극복을 위한 국가 간 역사대화의 성과와 한계 : 한일역사공동연구위원회

활동을 중심으로」,『동북아역사논총』25, 2009, pp.387~388.

15 이한나,「한국의 동아시아 지역주의 정책 형성 요인 연구 – 김대중, 노무현, 이명박 정부를 중심으로 –」, 경희대학교 대학원 정치학과 석사학위 논문, 2009, p.25.

16 대통령 노무현,〈노무현, 육군 3사관학교 제40기 졸업 및 임관식 치사〉, 2005년 3월 22일(노무현 사료관 : http://archives.knowhow.or.kr/).

17 교육인적자원부,「동아시아사」,『(고시 제2007-79호) 고등학교 교육과정』, 교육인적자원부, 2007.

18 편집부,「(사설) 제 나라 역사는 모르면서⋯⋯」,『경향신문』, 2004년 1월 30일; 편집부,「(사설) 국사교육 그동안 홀대했다」,『한국일보』, 2005년 3월 30일; 하윤해 기자,「중ㆍ일 역사왜곡 대처 설문 "역사, 국가고시 필수돼야" 79%」,『국민일보』, 2006년 10월 18일; 임국현 논설위원,「[설왕설래] 한국사 홀대」,『세계일보』, 2006년 10월 20일 등.

19 국회의원 김영숙(교육위원회 소속) 외 25인,「국사교과의 필수과목채택 등 국사교육 강화 촉구 결의안」, 국회, 2005년 2월 28일.

20 편집부,「역사교육정상화 대책위원회 자료 : 역사연구단체협의회」,『歷史教育』94, 2005, pp.299 ~308.

21 편집부,「중등교육과정의 역사교육정상화를 촉구하는 성명서 : 전국역사학대회 협의회 15개 학회」,『歷史教育』98, 2006, pp.347~349.

22 김정호 외,『(ORM 2005-58) 사회과 교육과정 개정 시안 연구 공청회』, 한국교육과정평가원, 2005, pp.44~45.

23 김정호 외,「사회과 교육과정 개정 시안 연구 개발 과정의 회의록」, 위 보고서, p.280.

24 진재관 외,『(ORM 2006-3) 고등학교 사회과 선택 교육과정 개선 방안 연구 세미나』, 한국교육과정평가원, 2006, p.7.

25 진재관 외,「종합토론(회의록)」, (RRC 2006-6) 앞의 보고서, 2006, pp.294~297.

26 강대현,「사회과 교육과정 개정 논의와 결과에 대한 반성」,『사회과교육』49-1, 2010, p.89.

▸ 제2장

1 진재관 외,「사회과 선택 중심 교육과정 연구 협력진」, (RRC 2006-6) 앞의 보고서, 2006.

2 김영석,「제7차 사회과 교육과정의 구조적 문제와 사회과의 해체」,『사회과교육연구』12-2, 2005, p.24.

3 안병우 외,「동아시아사 교육과정 토론문」, 앞의 보고서, pp.85~104.

4 주철민,「프랑스 고등학교 현대사 교육의 내용구성과 조직」,『한국근현대사 교육론』, 선인, 2005, p.254.

5 원지연,「고등학교『세계사』ㆍ『동아시아사』교과서의 일본 근현대사 서술」,『歷史教育』143, 2017, pp.111~112.

6 안병우 외,「동아시아사 교육과정 토론문」, 앞의 보고서, pp.85~104.

7 문교부,『초중등학교 각과 교수요목집 12 : 중학교 사회생활과』, 조선교학도서 주식회사, 1948, p.46.

8   박진동, 「교수요목에 의거한 '이웃나라 역사' 교과서의 발간과 그 구성」, 『歷史教育』106, 2008, p.22.

9   박진동, 앞의 논문, 2008, p.13.

10   백영서, 「동양사학의 탄생과 쇠퇴」, 『창작과 비평』32-4, 2004, p.97.

11   강선주, 앞의 논문, pp.76~77.

12   2006년 9월, 〈역사교육에 대한 국민의식 여론조사 결과〉(조사기관 : 한길 리서치).

13   안병우 외, 「'동아시아사' 교육과정 시안 개발 과정과 내용」, 앞의 보고서, p.83.

14   박근칠, 앞의 논문, p.160.

15   니타니 사다오, 「일본 세계사 교육의 동아시아사」, 『동북아역사논총』19, 2008, pp.40~41.

16   니시지마 사다오, 이성시 엮음, 송완범 옮김, 『일본의 고대사 인식 : 동아시아 세계론과 일본』, 역
     사비평사, 2008, pp.24~25.

17   니시지마 사다오, 이성시 엮음, 송완범 옮김, 위의 책, p.135.

18   정 연, 앞의 논문, pp.13~14.

▸ **제3장**

1   진재관 외, 『(CRC 2010-9) 2009년 개정 교육과정에 따른 역사과 교육과정 부분 개정 연구』, 한
     국교육과정평가원, 2010, 연구 요약.

2   양정현, 「한국사 교과서 발행 제도 운영의 문제점과 개선 방향」, 『한국사 교과서 검정 파동과 발행
     (검정)제도 개선방안』, 한국역사연구회 · 한국역사교육학회 공동심포지엄, 2014, p.83.

3   유용태, 「동아시아 지역사 서술의 현황과 과제 : 고등학교 『동아시아사』(2012) 근현대 부분을 중
     심으로」, 『동북아역사논총』40, 2013.

4   김한종, 「교육과정 구성 논리로 본 2015 개정 역사교육과정의 쟁점」, 『역사교육연구』23, 2015, p.10.

5   김광운 외, 앞의 보고서, p.11.

6   역사교육과정 개발추진위원회, 「역사교육과정 개발추진위원회 4차 회의 [세계사 소위] 결과 보
     고」, 『역사교육과정개발추진위원회 활동 보고서』, 교육과학기술부, 2011, pp.22~24.

7   국사편찬위원회, 『2011년 역사과 교육과정 개정을 위한 정책 연구 방향 안내서』, 국사편찬위원
     회, 2011, p.8.

8   오수창, 「2011 역사교육과정과 '자유민주주의'의 현실」, 『역사와 현실』81, 2011, p.6.

9   김광운 외, 앞의 보고서, p.13.

10   김유리, 「고등학교 〈동아시아사〉에 대한 역사교사의 학생들의 인식 분석」, 『歷史教育』130,
     2014, pp.14~15; 안병우 외, 앞의 보고서, pp.19~26; 윤세병A, 「동아시아사 수업과 평화 인식」,
     『동북아역사논총』47, 2015, p.249.

11   김광운 외, 앞의 보고서, p.11.

12   역사교육과정 개발추진위원회, 「역사교육과정 개발추진위원회 8차 회의[세계사 소위] 결과 보
     고」, 앞의 책, pp.30~31.

13   역사교육과정 개발추진위원회, 「역사교육과정 개발추진위원회 11차 회의[세계사 소위] 결과 보
     고」, 위의 책, pp.36~38.

14   김정인, 「고등학교 동아시아사 개정(안) 토론문」, 『2011 역사교육과정(안) 공청회』, 국사편찬위원회, 2011, p.116.

15   홍태영, 『국민국가의 정치학』, 후마니타스, 2008, p.34.

16   이영옥, 「선택과 연계 : 동아시아사 교과서의 청대(淸代) 관련 서술 분석」, 『歷史敎育論集』 50, 2013, pp.264~265.

17   유용태, 앞의 논문, 2013, p.186.

18   유용태, 앞의 책, 2017, pp.114~115.

19   조영헌, 「『동아시아사』 교과서의 '은 유통과 교역망'-그 주제의 설정과 그 의미-」, 『동북아역사논총』 39, 2013, pp.157~158.

20   조영헌, 앞의 논문, p.168.

21   박근칠, 앞의 논문, p.165.

22   유용태, 앞의 책, 2017, p.115.

23   박근칠, 앞의 논문, p.164.

24   고동환, 「인구증가와 사회경제 : 17~19세기 동아시아의 인구 증가와 도시의 성장」, 『동아시아의 역사 Ⅱ : 북방민족-서민문화』, 동북아역사재단, 2011, pp.345~347.

25   이영옥, 앞의 논문, p.263.

26   김유리, 앞의 논문, p.23.

27   윤세병A, 앞의 논문, p.250.

28   박영희, 『베트남전 참전 의미의 인식을 위한 역사수업 방안』, 한국교원대학교 석사학위논문, 2006, pp.1~2.

29   역사교육과정 개발추진위원회, 「역사교육과정개발추진위원회 8차 회의 [세계사 소위] 결과 보고」, 앞의 책, pp.30~31.

▸ 제4장

1   박민정 · 성열관, 「교육과정 연구의 최근 동향 분석 : 2000년 이후를 중심으로」, 『교육과정연구』 29-4, 2011.

2   김경자 외, 『2015 개정 교육과정 총론 시안(최종안) 개발 연구』, 교육부, 2015, p.20.

3   교육과정 개발(2013. 11.-2105. 05.) → 교과서 개발(2015. 03.-2016. 08.) → 교과서 검증(2016. 09.-2017. 08.) → 교육과정, 교과서 적용(고1)(2018. 03.) → 2021학년 수능 반영(고3)(2020. 11.).

4   송현숙 기자, 「[길 잃은 교육과정 개정] 역사교육과정심의회, 편파적 위원 구성」, 『경향신문』, 2015년 7월 28일.; 송현숙 기자, 「정권 입맛에 맞는 '사관 주입' 위해 '사실 선별' 가능성 높아」, 『경향신문』, 2015년 9월 9일.

5   설규주, 「2015 〈사회 · 문화〉 교육과정 개발 과정과 특징에 대한 반성적 고찰」, 『시민교육연구』 47-4, pp.96~97.

6   김기철, 『체육과 교육과정 개발과 적용과정 탐색』, 한국교원대학교 대학원 박사학위 논문, 2008, p.47.

7   구정화 외, 앞의 보고서, p.141.

8   구정화 외, 위의 보고서, p.109.

9   최상훈 외, 위의 보고서, pp.18~21; pp.30~33.

10   김경자 외, 앞의 보고서, 2015, p.142.

11   이혁규, 앞의 책, pp.180~181.

12   소경희, 「2015 개정 교육과정 총론 개정안이 남긴 과제 : 각론 개발의 쟁점 탐색」, 『교육과정연구』 33-1, 2015, pp.203~204.

13   Tim Oates, 2011, *Could do better : Using international comparisons to refine the national Curriculum in England*, The curriculum Journal 22-2. (소경희, 「2015 개정 초 · 중학교 교육과정 개정(안)의 기본 방향 및 남겨진 과제」, 『2014년도 한국 교육과정하회 추계학술대회 자료집』, 한국교육과정학회, 2014, p.41. 재인용).

14   김경자 외, 앞의 보고서, p.11.

15   박희경, 「교과 교육과정 개발을 위한 숙의 과정의 개선 과제 : 2015 개정 교육과정 사례를 중심으로」, 『교육과정연구』 34-3, 2016, pp.193~200.

16   백은진, 「2015 개정 교육과정에 도입된 역사과 핵심역량 설정의 현황과 모순」, 『史叢』 86, 2015, p.246.

17   박희경, 앞의 논문, p.198.

18   설규주, 앞의 논문, p.93.

19   김유리 · 신성곤, 앞의 논문, p.6.

20   조예진, 「고등학교 동아시아 교육과정 시안에 대한 토론」, 『(ORM 2015-37) 2015 역사과 교육과정 시안 공개 토론회 자료집』, 한국교육과정평가원, 2015, p.70.

21   교육부 · 한국교육과정평가원, 『(2015 개정 교육과정에 따른 교과용 도서 개발을 위한) 편찬상의 유의점 및 검정기준』, 교육부 · 한국교육과정평가원, 2015, p.177.

22   윤종배 · 방지원 · 정미란, 「계열성을 통해 본 초 · 중 · 고 역사교육」, 『역사와 교육』 11, 역사교육연구소, 2015, pp.188~189.

23   신유아, 「역사 교과에서 계열성 구현의 難點」, 『歷史敎育』 120, 2011; 신소연, 위의 논문, 2012.

24   양호환, 「중등 역사교육과정 개발의 현안과 역사교육 개선 방안」, 『歷史敎育』 120, 2011, pp.299~301.

25   유용태, 「한국 역사교과서 속의 동아시아 국민국가 형성사」, 『환호속의 경종』, 휴머니스트, 2006, p.443.

26   이영옥, 앞의 논문, p.263.

27   김유리, 앞의 논문, p.23.

28   박명림, 「한국전쟁/6 · 25를 기억하는 방식」, 『역사용어 바로쓰기』, 역사비평사, 2006, p.181.

29   박한남 외, 『(CRC 2015-27) 2015 개정 교육과정에 따른 역사과 편찬준거(편수용어, 집필기준) 개발』, 한국교육과정평가원, 2015, p132.

30   차미희B, 「고등학교 『동아시아사』의 《17세기 전후 동아시아 전쟁》분석」, 『韓國史學報』 56, 2014, p.174.

31   정 연, 앞의 논문, p.30.

32   조영헌, 앞의 논문, pp.169~170.

33   조영헌, 위의 논문, pp.170~171.

34   이익주, 「문신과 무인」, 『동아시아의 역사 Ⅱ : 북방민족-서민문화』, 동북아역사재단, 2011, pp.99~111.

35   김유리, 앞의 논문, p.14.

36   김지은, 「동아시아사 과목을 통한 고등학생들의 역사인식 변화」, 고려대학교 석사학위논문, 2016, pp.32~33.

37   전병철, 「동아시아사 교육에서 목표로서의 태도 형성」, 『歷史敎育論集』 56, 2015, pp.256~257.

38   윤세병A, 앞의 논문, pp.250~251.

39   김유리, 앞의 논문, pp.16~17.

40   진재관 외, CRC 2015-25-7 앞의 보고서, 2015, p.97.

41   조상혁, 「(ORM 2015-56-6) 고등학교 '동아시아사' 교육과정 시안에 대한 토론문」, 『2015 개정 역사과 교육과정 시안 검토 공청회 자료집』, 한국교육과정평가원, 2015, p.148.

42   윤세병B, 「'학습부담 경감'으로 포장된 역사교육의 퇴행 : 세계사와 동아시아사 내용 구성의 문제점」, 『역사비평』 113, 2015, p.335.

43   유인선, 『(새로 쓴) 베트남의 역사』, 이산, 2002.; 오구나 사다오 저 · 박경희 역, 『베트남사』, 일빛, 1999.; 최병욱, 『(개정판) 베트남 근현대사』, 산인, 2015의 경우 연구서와 논문을 쉽게 풀어 쓰고 에피소드를 보태어 대중적으로 쓰였으며 시기 역시 근 · 현대사에 한정하고 있다.

44   손승철 외, 앞의 책, 2013, p.105.

45   황진상 외, 앞의 책, 2013, p.103.

46   안병우 외, 앞의 책, 2013, p.115.

▸ 제5장

1   Ku N.H., The "East Asian History" Elective in Korean High Schools: An Attempt at Reflective Education in Transnational Space. In: Lewis M. (eds) 'History Wars' and Reconciliation in Japan and Korea. (New York: Palgrave Macmillan, 2017), p.56.

2   유용태 · 박진우 · 박태균, 앞의 책, pp.28~29.

3   Ku N. H., op. cit., 2017, p.52.

4   Ibid., pp.56~57.

5   야마무로 신이찌 지음 · 임성모 옮김, 임성모 대담, 『여럿이며 하나인 아시아』, 창비, 2003, p.196.

6   김육훈, 「교육과정 누가 어떻게 만드나?」, 『(역사교육학회 · 대구교육박물관 공동학술대회) 역사과 교육과정, 교육 주체의 관점에서 새롭게 보기 자료집』, 2021년 5월 28일, 비대면 학술대회.

7   동북아역사재단 편, 『동아시아사 입문』, 동북아역사재단, 2020, p.29.

8   Lee, D. K., Generous Gesture? Franco-German Reconciliation from the Korean Perspective. In: Colin N., Demesmay C. (eds) Franco-German Relations Seen from Abroad. Frontiers in International Relations, (MD: Springer, 2021), p.166.

9 유용태 · 박진우 · 박태균, 앞의 책.

10 심원필, 「동아시아 지역주의와 지역공동체 再論 : 인문학적 동아시아론의 함의」, 『동아인문학』 45, 2018, p.299.

11 박명림, 「역사연구와 교육의 몇몇 고려들」, 『역사비평』 107, 2002, p.112.

12 신종훈, 「유럽정체성과 동아시아공동체 담론 : 동아시아공동체의 정체성에 대한 비판적 질문」, 『역사학보』 221, 2014, p.255.

13 김정인, 「『역사비평』의 시민사회적 담론 지형」, 『역사비평』 95, 2011, p.271.

14 신주백, 앞의 논문, p.103.

15 유용태 · 박진우 · 박태균, 앞의 책, p.24.

16 최병욱, 「'한월관계사'에서 '동남아시아사'로」, 『동양사학연구』 133, 2015, p.476.

17 워런 코헨, 이명화 · 정일준 옮김, 『세계의 중심 동아시아의 역사』, 일조각, 2009.

18 박경석 엮음, 『연동하는 동아시아를 보는 눈』, 창비, 2018, pp.32~36.

19 백영서, 『동아시아의 귀환 : 중국의 근대성을 묻는다』, 창작과 비평사, 2000.

20 양정현 외, 『(초 · 중 · 고 역사교육 방향 연구 최종보고서) 미래를 여는 역사교육의 방향과 과제』, 광주광역시교육청, 2016, p.100.

21 강화정, 『민주시민교육을 위한 한국현대사 교육의 방안』, 부산대학교 박사학위논문, 2019, p.4.

22 윤해동, 앞의 책, 2018, p.78.

23 윤세병, 「민주시민교육을 위한 역사과 교육과정의 제언」, 『역사교육연구』 35, 2019, p.168.

24 황진상, 「동아시아사 교육과정의 변화와 동아시아사 교육의 전망」, 『역사교육논집』 60, 2016, p.97.

25 양호환, 『역사교육의 입론과 구상』, 책과함께, 2012, p.244.

▶ **나가며**

1 박중현, 「공동 교재를 통한 역사 화해의 가능성 모색」, 『역사 대화로 열어가는 동아시아 역사 화해』, 동북아역사재단, 2008; 김유리, 앞의 논문; 윤세병A, 앞의 논문, 2015; 박해준, 「쟁점 중심 사회과를 통한 동아시아 공동체 의식의 발달」, 『글로벌교육연구』 10-1, 2018.

2 차조일 외, 『(교육부-용역-2021-12) 역량 함양 사회교과군 교육과정 재구조화 연구』, 교육부 · 한국교육과정평가원, 2021, pp.197~200.

3 황규호, 앞의 논문, p.6.

4 김한종, 「다원적 관점의 역사이해와 역사교육」, 『역사교육연구』 8, 2008, p.233.

5 김한종, 「역사교육 내용선정 기준-'의미 있는 역사'의 탐색」, 『(역사교육학회 · 대구교육박물관 공동학술대회) 역사과 교육과정, 교육주체의 관점에서 새롭게 보기 자료집』, 2021년 5월 28일 비대면 학술대회, p.7.

6 이삼성, 「동아시아 국제질서의 성격에 관한 일고」, 『한국과 국제정치』 22-4, p.71.

참고문헌

〈교육과정 · 집필기준 · 해설〉

교육과학기술부, 『2007년 개정 교육과정에 따른 역사 교과서 집필 기준』, 교육과학기술부, 2009.

_____, 『(고시 제2010-24호 초 · 중등학교 교육과정』, 교육과학기술부, 2010.

_____, 『(고시 제2009-41호) 고등학교 교육과정 해설 사회(역사)』, 교육과학기술부, 2010.

_____, 『(고시 제2011-361호) 초 · 중등학교 교육과정』, 교육과학기술부, 2011.

_____, 『(2009년 개정 교육과정에 따른 교과 교육과정 적용을 위한) 고등학교 동아시아사 교과서 집필 기준』, 교육과학기술부, 2009.

_____, 『(고시 제2007-79호) 초 · 중등학교 교육과정』, 교육인적자원부, 2007.

교육부, 『(고시 제2015-74호) 사회과 교육과정』, 교육부, 2015.

교육부 · 한국교육과정평가원, 『(2015 개정 교육과정에 따른 교과용 도서 개발을 위한) 편찬상의 유의점 및 검정기준』, 교육부 · 한국교육과정평가원, 2015.

문교부, 『초중등학교 각과 교수요목집 12 : 중학교 사회생활과』, 조선교학도서 주식회사, 1948.

〈신문〉

『경향신문』

『교육과학기술부 정책뉴스』

『국민일보』

『동아일보』

『세계일보』

『연합뉴스』

『한국일보』

〈교과서〉

김태웅 외, 『동아시아사』, 미래엔, 2017.
손승철 외, 『동아시아사』, 교학사, 2011.
손승철 외, 『동아시아사』, 교학사, 2013.
안병우 외, 『동아시아사』, 천재교육, 2011.
안병우 외, 『동아시아사』, 천재교육, 2013.
안병우 외, 『동아시아사』, 천재교육, 2017.
이병인 외, 『동아시아사』, 비상, 2017.
조한욱 외, 『세계사』, 비상, 2013.
주진오 외, 『역사』, 천재교육, 2012.
최현삼 외, 『동아시아사』, 교학사, 2017.
황진상 외, 『동아시아사』, 비상, 2013.

〈단행본〉

김영봉 외, 『교육학개론』, 서현사, 2008.
김영천 · 주재홍, 『포스트모던 패러다임과 교육학/교육과정연구』, 아카데미프레스, 2011.
김영천, 『질적연구 방법론 Ⅰ : Bricoleur 2판』, 아카데미프레스, 2013.
김재춘, 『(예비 현직 교사를 위한) 교육과정과 교육평가』, 교육과학사, 2017.
김정인 외, 『동아시아의 역사 갈등의 현황 및 대안적 역사교육의 모색』, 아시아 평화와 역사연구소, 2003.
김한종, 『한국 근현대사 교육론』, 선인, 2005.
니시지마 사다오 지음, 이성시 엮음, 송완범 옮김, 『일본의 고대사 인식: 동아시아세계론과 일본』, 역사비평사, 2008.
다나카 히토시 · 유용태, 『(사색과 대화를 위한 강의) 21세기 동아시아와 역사 문제』, 한울, 2018.
동북아역사재단, 『동아시아사 교과서 집필 안내서』, 동북아역사재단, 2009.
_____, 『동아시아의 역사 Ⅰ : 자연환경-국제관계』, 동북아역사재단, 2011.
_____, 『동아시아의 역사 Ⅱ : 북방민족-서민문화』, 동북아역사재단, 2011.
_____, 『동아시아의 역사 Ⅲ : 개항-화해』, 동북아역사재단, 2011.
_____, 『동아시아사 입문』, 동북아역사재단, 2020.
린다 심콕스 · 애리 윌셔트 엮음, 이길상 · 최정희 역, 『(세계의) 역사 교육 논쟁』, 푸른역사, 2015.
박경석 엮음, 『연동하는 동아시아를 보는 눈』, 창비, 2018.
박중현, 『청소년을 위한 동아시아사』, 두리미디어, 2012.
백영서, 『동아시아의 귀환 : 중국의 근대성을 묻는다』, 창작과 비평사, 2000.
신주백 외, 『처음 읽는 동아시아사 1 : 선사 시대부터 18세기까지』, 휴머니스트, 2016.
아시아 평화와 역사연구소 편, 『한중일 동아시아사 교육의 현황과 과제』, 선인, 2008.

_____, 『동아시아에서 역사인식의 국경 넘기』, 선인, 2008.

야마무로 신이찌 지음 · 임성모 옮김, 임성모 대담, 『여럿이며 하나인 아시아』, 창비, 2003.

양호환, 『역사교육의 이론과 구상』, 책과함께, 2012.

역사교육연구소, 『우리 역사교육의 역사』, 휴머니스트, 2015.

오구나 사다오 지음 · 박경희 옮김, 『베트남사』, 일빛, 1999.

워런 코헨, 이명화 · 정일준 옮김, 『세계의 중심 동아시아의 역사』, 일조각, 2009.

유용태, 『환호 속의 경종』, 휴머니스트, 2006.

_____, 『동아시아사를 보는 눈』, 서울대학교출판문화원, 2017.

유용태 · 박진우 · 박태균, 『(개정판) 함께 읽는 동아시아 근현대사』, 창비, 2016.

유인선, 『(새로 쓴) 베트남의 역사』, 이산, 2002.

윤해동, 『동아시아사로 가는 길』, 책과 함께, 2018.

이혁규, 『(교과교육현상의) 질적연구 – 사회교과를 중심으로』, 학지사, 2005.

전국역사교사모임, 『역사, 무엇을 어떻게 가르칠까』, 휴머니스트, 2008.

전기원 외, 『쟁점으로 본 동아시아 협력과 갈등』, 오름, 2008.

정기문 외, 『역사학의 성과와 역사교육의 방향』, 책과 함께, 2013.

최병욱, 『베트남 근현대사』, 선인, 2008.

최호성, 『교육과정 평가원』, 경남대학교출판부, 1998.

한중일3국공동역사편찬위원회, 『미래를 여는 역사』, 한겨레신문사, 2005.

_____, 『한중일이 함께 쓴 동아시아 근현대사 1 : 국제 관계의 변동으로 읽는 동아시아의 역
사』, 휴머니스트, 2012.

_____, 『한중일이 함께 쓴 동아시아 근현대사 2 : 테마로 읽는 사람과 교류의 역사』, 휴머니
스트, 2012.

홍태영, 『국민국가의 정치학』, 후마니타스, 2008.

Lewis, Michael Ed. (2017). History Wars´ and Reconciliation in Japan and Korea. U. S : Palgrave
Macmillan.

〈연구보고서 · 학술대회 자료집〉

교육과학기술부, 『(2009년 개정 교육과정에 따른 교과 교육과정 적용을 위한) 고등학교 동아시아사
교과서 집필기준』, 교육과학기술부, 2011.

교육부·한국교육과정평가원, 『(2015 개정 교육과정에 따른 교과용 도서 개발을 위한) 편찬상의 유의
점 및 검정기준』, 교육부·한국교육과정평가원, 2015.

구정화 외, 『문 · 이과 통합 사회과 교육과정 재구조화 연구』, 교육부, 2014.

국사편찬위원회, 『2011 역사교육과정(안) 공청회』, 국사편찬위원회, 2011.

_____, 『역사과 교육과정 자료』, 국사편찬위원회 편사기획실, 2011.

_____, 『2011년 역사과 교육과정 개정을 위한 정책 연구 방향 안내서』, 국사편찬위원회, 2011.

김경자 외, 『2015 개정 교육과정 총론 시안 (최종안) 개발 연구』, 국가교육과정개정연구위원회, 2015.

김광운 외, 『(2011년 정책연구개발사업) 2011년 역사과 교육과정 개정을 위한 시안 개발 연구』, 국사편찬위원회, 2011.

김정인 외, 『(11-1342000-000493-01) 2022년도 개정 역사과 교육과정 시안 개발 연구 보고서』, 교육부, 2022.

_____, 『(11-1342000-000885-01) 2022년도 개정 역사과 교육과정 시안(최종안) 개발 연구 보고서』, 교육부, 2022.

김정호 외, 『사회과 교육과정 개정(시안)연구 개발』, 한국교육과정평가원 CRC 2005-9, 2005.

박동준 외, 『고등학교 도덕/사회 선택과목 교육과정 개정 연구』, 한국교육과정평가원 CRC 2009-44, 2009.

박병기 외, 『포스트코로나 대비 미래지향적 사회교과군 교육과정 구성 방안 연구』, 교육부, 2021.

박한남 외, 『(CRC 2015-27) 2015 개정 교육과정에 따른 역사과 편찬준거(편수용어, 집필기준) 개발』, 한국교육과정평가원, 2015.

안병우 외, 『(2006년도 동북아역사재단 학술연구과제 연구결과보고서) 동아시아 교육과정 시안 개발』, 동북아역사재단, 2006.

양정현 외, 『(초 · 중 · 고 역사교육 방향 연구 최종보고서) 미래를 여는 역사교육의 방향과 과제』, 광주광역시교육청, 2016.

양호환 외, 『(2003-042-A00001) 세계화시대의 한국 역사교육의 방향과 과제』, 한국학술진흥재단, 2004.

역사교육과정 개발추진위원회, 『역사교육과정개발추진위원회 활동 보고서』, 교육과학기술부, 2011.

역사교육연구회, 『역사교과서 체제 모색을 위한 워크샵 : 역사교과서의 국사와 세계사 편제』 자료집, 역사교육연구회, 2005.

역사교육연구회 · 동북아역사재단, 『'새로운 세계사'와 교과서 서술의 현실』, 역사교육연구회 학술대회 자료집, 역사교육연구회, 2016.

이광우 외, 『(CRC 2015-25-1) 국가교육과정 각론 조정 연구』, 한국교육과정평가원, 2015.

2009 개정교육과정연구위원회, 『2009 개정 교육과정 : 개정의 방향과 총론 시안(1차)』, 2009.

조상식 외, 『(정책연구 교육부-용역-2018-25) 2015 개정 교육과정에 따른 선택과목 편성, 운영 현황 조사』, 교육부, 2018.

진재관 외, 『(ORM 2006-3) 고등학교 사회과 선택 교육과정 개선 방안 연구 세미나』, 한국교육과정평가원, 2006.

_____, 『(연구보고 RRC 2006-6) 고등학교 사회과 선택 중심 교육과정 개선 방안 연구』, 한국교육과정평가원, 2006.

_____, 『(CRC 2010-9) 2009년 개정 교육과정에 따른 역사과 교육과정 부분 개정 연구』, 한국교육과정평가원, 2010.

_____, 『2011년 역사과 교육과정 개정을 위한 정책 연구 방향 안내서』, 국사편찬위원회, 2011.

_____, 『2015 역사과 교육과정 시안 개발 연구』, 한국교육과정평가원 CRC 2015-12, 2015.

_____, 『(CRC 2015-25-7)2015 개정 교과 교육과정 시안 개발 연구 Ⅱ : 역사과 교육과정』, 한국교육과정평가원, 2015.

차조일 외, 『(교육부-용역-2021-12) 역량 함양 사회교과군 교육과정 재구조화 연구』, 교육부 · 한국교육과정평가원, 2021.

최상훈 외, 『문 · 이과 통합 역사과 교육과정 재구조화 연구』, 교육부, 2014.

충청북도교육청, 『2009 개정 교육과정 바로알기』, 충청북도교육청, 2010.

한국교원대학교 사회과교육과정 개정 연구회, 『제7차 사회과 교육과정 개정시안 연구개발』, 한국교원대학교, 1997.

한국교육과정평가원, 『고등학교 사회탐구 영역 선택과목 조정에 따른 교육과정 개정 시안 개발 세미나 자료집』, 한국교육과정평가원 ORM 2009-30, 2009.

_____, 『(ORM 2015-37) 2015 역사과 교육과정 시안 공개 토론회 자료집』, 한국교육과정평가원, 2015.

_____, 『(ORM 2015-56-6) 2015 개정 역사과 교육과정 시안 검토 공청회 자료집』, 한국교육과정평가원, 2015.

한국교육과정학회, 『2009년대 한국교육과정학회 춘계학술대회 자료집』, 한국교육과정학회, 2009.

_____, 『2014년도 한국교육과정학회 추계학술대회 자료집』, 한국교육과정학회, 2014.

National Council for the social Studies, *The College, Career, and Civic Life(C3) Framework for social studies state standards*, (MD; Silver Springs, 2013).

〈학위 논문〉

강화정, 『민주시민교육을 위한 한국현대사 교육의 방안』, 부산대학교 박사학위논문, 2019.

김기철, 「체육과 교육과정 개발과 적용과정 탐색」, 한국교원대학교 대학원 박사학위논문, 2008.

김지은, 「동아시아사 과목을 통한 고등학생들의 역사인식 변화」, 고려대학교 대학원 석사학위논문, 2016.

남택범, 「2015년 개정 고등학교 〈동아시아사〉 과목의 교육과정 분석 : 2011년 개정 교육과정과의 비교를 중심으로」, 한양대학교 대학원 석사학위논문, 2016.

박영희, 「베트남전 참전국 의미의 인식을 위한 역사수업 방안」, 한국교원대학교 석사학위논문, 2006.

박희경, 「교과 교육과정 교육 내용 구성 방안의 쟁점과 개발 과정의 개선 과제 분석 : 2015 개정 교육과정 개발자들의 인식 및 관점을 중심으로」, 이화여자대학교 대학원 박사학위논문, 2016.

이한나, 「한국의 동아시아 지역주의 정책 형성 요인 연구-김대중, 노무현, 이명박 정부를 중심으로-」, 경희대학교 대학원 정치학과 석사학위 논문, 2009.

주은구, 『고등학교 역사 교사의 〈동아시아사〉 수업 전후의 인식 변화』, 고려대학교 일반대학원 석사학위논문, 2014.

지연정, 『고등학교『동아시아사』(2014년판)의 '근대 국가 수립의 모색' 분석』, 이화여자대학교 석사학 위논문, 2013.

한충일, 『한국 · 미국 · 베트남 고등학교 역사교과서에 나타난 베트남전쟁 관련 내용 비교 분석』, 인천 대학교 교육대학원 석사학위논문, 2016.

〈학술지 논문〉

강대현, 「사회과 교육과정 개정 논의와 결과에 대한 반성」, 『社會科教育』49-1, 2010.

강상중, 「혼돈의 동아시아, 희망은 한국에 있다」, 『동아시아와의 인터뷰:공존의 길을 묻다』, 서해문집, 2013.

강선주, 「세계사 교육의 '위기'와 '문제' : 역사적 조망」, 『社會科教育』42-1, 2003.

강성호, 「'전 지구적' 세계체제로 본 세계사와 동아시아 : 안드레 군터 프랑크」, 『역사비평』82, 2008.

곽윤숙, 「신 교육사회학에 대한 일고」, 『교육연구』52, 1984.

구난희, 「1990년대 이후 역사교육 정책 네트워크의 구조와 양상 변화」, 『歷史敎育』127, 2013.

구본관, 「2015 교육과정 '문법' 영역에 대한 비판적 검토」, 『국어교육학연구』51-1, 2016.

김기봉, 「동북아 시대에서 한국사 서술과 역사교육-'국사'를 넘어서-」, 『歷史敎育』95, 2005.

_____, 「서양의 거울에 비친 중국」, 『철학과 현실』95, 2012.

김남은, 「주제중심 통합형 실과 식생활 교육 프로그램 개발」, 『실과교육연구』25(2), 2019.

김대현 · 박경미 · 정성아 · 김아연, 「교사주도 교육과정 개발에서 숙의의 성격」, 『敎育課程硏究』22-4, 2004.

김민수, 「〈동아시아사〉 관점에서 구성한 민주주의 수업」, 『역사교육연구』19, 2014.

김비환, 「동아시아 연구, 어떻게 할 것인가?」, 『동아시아 연구 어떻게 할 것인가?』, 성균관대학교출판 부, 2016.

김영란 · 성열관, 「교육과정 의사결정의 특징 탐색 연구 : "제7차 국어과 교육과정" 개정 과정을 중심 으로」, 『중등교육연구』55-3, 2007.

김영민, 「국가수준 교육과정 평가 체제의 구축 방안」, 『敎育課程硏究』22-1, 2004.

김영석, 「제7차 사회과 교육과정의 구조적 문제와 사회과의 해체」, 『社會科敎育硏究』12-2, 2005.

김유리, 「고등학교 〈동아시아사〉에 대한 역사교사의 학생들의 인식 분석」, 『歷史敎育』130, 2014.

김유리 · 신성곤, 「2011년 개정 〈동아시아사〉 교육과정의 문제점과 개선방안」, 『歷史敎育』132, 2014.

김육훈, 「교육과정 누가 어떻게 만드나?」, 『(역사교육학회 · 대구교육박물관 공동학술대회) 역사과 교 육과정, 교육 주체의 관점에서 새롭게 보기 자료집』, 2021년 5월 28일, 비대면 학술대회.

김인호, 「미래를 여는 역사, 민중의 삶을 통해서 그린 새로운 동아시아 역사교과서-미래를 여는 역 사」, 『호서사학』41, 2005.

김재복, 「교육과정 평가의 개념모형」, 『敎育課程硏究』16-1, 1998.

김재춘, 「국가 교육과정 연구 · 개발 체제의 문제점과 개선방향 : 제7차 교육과정 연구 · 개발 체제를 중심으로」, 『敎育課程硏究』20-3, 2002.

_____, 「2009 개정 교육과정(총론)의 가능성과 한계 탐색」, 『教育課程研究』 28-3, 2010.

김정인, 「'동아시아사' 서술에서 영토 문제를 어떻게 기술할 것인가」, 『독도연구』 8, 2008.

_____, 「『역사비평』의 시민사회적 담론 지형」, 『역사비평』 95, 2011.

_____, 「〈국사〉 및 〈한국 근·현대사〉교과서의 동아시아사 서술 분석」, 『歷史教育』 124, 2012.

김정현, 「동아시아사 교육의 연구동향 분석-근현대사를 중심으로」, 『동북아역사논총』 53, 2016.

김창원, 「국어과 교육과정의 생태학(2) : 2011년 교육과정 개정에서의 쟁점과 그 해소」, 『국어교육학연구』 43, 2012.

김 철, 「국사교육과정의 계열성」, 『社會科教育』 7, 1974.

김태웅, 「2009 개정 역사교육과정을 둘러싼 의사결정 구조의 亂脈과 개발 과정의 虛實」, 『歷史教育』 124, 2012.

김한종, 「다원적 관점의 역사이해와 역사교육」, 『역사교육연구』 8, 2008.

_____, 「교육과정은 누가 어떻게 만들어야 하나」, 『'한국사' 교육과정 논란과 역사교육 정상화 방안 모색 학술 토론회 자료집』, 2011.

_____, 「중등 역사교과서 개편의 과정과 성격」, 『한국고대사연구』 62, 2011.

_____, 「이명박 정부의 역사인식과 역사교육 정책」, 『역사비평』 96, 2011.

_____, 「중학교 국사교육의 의미와 내용구성」, 『歷史教育』 124, 2012.

_____, 「교육과정 구성 논리로 본 2015 개정 역사교육과정의 쟁점」, 『역사교육연구』 23, 2015.

_____, 「역사교육 내용선정 기준-'의미 있는 역사'의 탐색」, 『(역사교육학회·대구교육박물관 공동학술대회) 역사과 교육과정, 교육 주체의 관점에서 새롭게 보기 자료집』, 2021년 5월 28일, 비대면 학술대회.

나장함, 「질적 연구의 다양한 타당성에 대한 비교 분석 연구」, 『교육평가연구』 19-1, 2006.

니타니 사다오, 「일본 세계사 교육의 동아시아사」, 『동북아역사논총』 19, 2008.

류재명, 서태열, 「제7차 지리교육과정 개발과정에서 나타난 문제점과 앞으로의 과제」, 『한국지리환경교육학회지』 5-2, 1997.

모경환·강대현·은지용, 「2015 개정 사회과 교육과정의 변화와 쟁점」, 『시민교육연구』 48-1, 2016.

미야자마 히로시, 「한·일 양국의 역사를 다시 보다 : 동아시아의 입장에서」, 『아시아리뷰』 3-1, 2013.

박근칠, 「〈동아시아사〉 교과서의 기술내용과 개선방안-2012년판 〈동아시아사〉 전근대 부분을 중심으로」, 『동북아역사논총』 40, 2013.

박명림, 「역사연구와 교육의 몇몇 고려들」, 『역사비평』 107, 2002.

_____, 「한국전쟁/6·25를 기억하는 방식」, 『역사용어 바로쓰기』, 역사비평사, 2006.

박민정·성열관, 「교육과정 연구의 최근 동향 분석 : 2000년 이후를 중심으로」, 『教育課程研究』 29-4, 2011.

박선미, 「2015 개정 중학교 사회과교육과정개발 과정의 의사결정 구조에 대한 비판적 고찰」, 『한국지리환경교육학회지』 24-1, 2016.

박승우, 「동아시아 공동체 담론 리뷰」, 『아시아리뷰』 창간호, 2011.

박진동, 「교수요목에 의거한 '이웃나라 역사'교과서의 발간과 그 구성」, 『歷史教育』 106, 2008.

_____,「역사교육 평가 연구의 성과 분석과 향후과제」,『역사교육연구』22, 2015.

박철웅,「2015 개정 사회과 교육과정에서 지리교육의 정체성과 대응」,『한국지리환경교육학회지』24-1, 2016.

박혜정,「지구사적 관점으로 본 동아시아사의 방법과 서술 : 인도양 연구에 대한 비판적 고찰을 토대로」,『동북아역사논총』40, 2013.

박희경,「교과 교육과정 개발을 위한 숙의 과정의 개선 과제 : 2015 개정 교육과정 사례를 중심으로」,『敎育課程硏究』34-3, 2016.

방지원,「역사교육 계열화의 개념과 원리」,『역사교육연구』3, 2006.

_____,「2007년 개정 역사교육과정의 계열성과 교재구성방향」,『사회과교육연구』16-4, 2009.

_____,「국민적 '정체성' 형성을 위한 교육과정에서 '주체적 민주시민'을 기르는 교육과정으로」,『역사교육연구』22, 2015.

백영서,「동양사학의 탄생과 쇠퇴」,『창작과 비평』32-4, 창비, 2004.

_____,「자국사와 지역사의 소통」,『歷史學報』196, 2007.

백은진,「2015 개정 교육과정에 도입된 역사과 핵심역량 설정의 현황과 모순」,『史叢』86, 2015.

변정현,「사회과 수석교사의 역할형성과 갈등상황에 관한 질적 사례연구」,『社會科敎育』52-3, 2013.

설규주,「2015〈사회·문화〉교육과정 개발 과정과 특징에 대한 반성적 고찰」,『시민교육연구』47-4, 2015.

성열관·임광국,「문재인정부 교육과정과 평가계획의 향방을 묻는다」,『교육비평』42, 2018.

소경희,「2015 개정 초·중학교 교육과정 개정(안)의 기본 방향 및 남겨진 과제」,『2014년도 한국 교육과정학회 추계학술대회 자료집』, 한국교육과정학회, 2014.

_____,「2015 개정 교육과정 총론 개정안이 남긴 과제 : 각론 개발의 쟁점 탐색」,『敎育課程硏究』33-1, 2015.

손승철,「일본 역사교과서 왜곡의 사적전개와 대응」,『한일관계사연구』40, 2011.

신소연,「역사교육과정의 개정과 계열성 적용의 난맥」,『歷史敎育』124, 2012.

신유아,「역사 교과에서 계열성 구현의 難點」,『歷史敎育』120, 2011.

신종훈,「유럽정체성과 동아시아공동체 담론 : 동아시아공동체의 정체성에 대한 비판적 질문」,『역사학보』221, 2014.

신주백,「국민에서 시민으로 : 새로운 동아시아사 인식의 가능성과 의미를 찾아서」,『역사문제연구』37, 2017.

심승희·김현주,「2015 개정 교육과정에 따른 고교 진로선택과목『여행지리』의 개발과 관련 논의」,『한국지리환경교육학회지』24-1, 2016.

심원필,「동아시아 지역주의와 지역공동체 再論 : 인문학적 동아시아론의 함의」,『동아인문학』45, 2018.

안병우,「고등학교 '동아시아사'개설의 배경과 내용」,『역사교육』78·79·80, 전국역사교사모임, 2007~2008.

안병우,「민주적인 역사교육정책의 수립과 실천 방안」,『역사비평』99, 2012.

안종욱 · 김병연, 「2015 개정 한국지리 교육과정의 개발 과정과 주요 특징」, 『한국지리환경교육학회지』 24-1, 2016.

양정현, 「한국사 교과서 발행 제도 운영의 문제점과 개선 방향」, 『한국사 교과서 검정 파동과 발행(검정)제도 개선방안』, 한국역사연구회 · 한국역사교육학회 공동심포지엄, 2014.

_____, 「중등 역사과에서 한국사와 외국사의 연계 논리와 형식」, 『역사교육연구』 23, 2015.

양호환, 「중등 역사교육과정 개발의 현안과 역사교육 개선 방안」, 『歷史敎育』 120, 2011.

오수창, 「2011 역사교육과정과 '자유민주주의'의 현실」, 『역사와 현실』 81, 2011.

원지연, 「고등학교 『세계사』 · 『동아시아사』 교과서의 일본 근현대사 서술」, 『歷史敎育』 143, 2017.

유용태, 「한국의 동아시아사 인식과 구성: 동양사 연구 60년을 통해서 본 동아시아사」, 『歷史敎育』 107, 2008.

_____, 「동아시아 지역사 서술의 현황과 과제-고등학교 『동아시아사』(2012) 근현대 부분을 중심으로」, 『동북아역사논총』 40, 2013.

윤병희, 「우리나라 '교육과정 개정'의 총체적 분석 : 정책과 설계를 중심으로」, 한국교육과정학회 92년도 연차학술대회발표논문집, 1992.

윤세병A, 「동아시아사 수업과 평화 인식」, 『동북아역사논총』 47, 2015.

_____B, 「'학습부담 경감'으로 포장된 역사교육의 퇴행 : 세계사와 동아시아사 내용 구성의 문제점」, 『역사비평』 113, 2015.

_____, 「민주시민교육을 위한 역사과 교육과정의 제언」, 『역사교육연구』 35, 2019.

윤종배 · 방지원 · 정미란, 「계열성을 통해 본 초 · 중 · 고 역사교육」, 『역사와 교육』 11, 2015.

이간용, 「2015 개정 초등 사회과 지리 영역 교육과정 개발에 대한 반성적 고찰」, 『한국지리환경교육학회지』 24-1, 2016.

이관규, 「2011 국어과 교육과정의 실제와 과제」, 『국어교과교육연구』 19, 2011.

이동욱, 「〈동아시아사〉과목의 성격과 교재구성방향」, 『역사와 교육』 7, 2013.

이병희, 「중 · 고등학교 국사교육 내용의 계열화」, 『歷史敎育』 76, 2000.

이삼성, 「동아시아 국제질서의 성격에 관한 일고」, 『한국과 국제정치』 22(4), 2006.

이상은, 「교과 교육과정 개발을 둘러싼 '갈등' 구조와 '봉합' 과정 : 2009 과학과 사례를 중심으로」, 『敎育課程硏究』 31-4, 2013.

이성시, 「일본 역사학계의 동아시아세계론에 대한 재검토」, 『歷史學報』 216, 2012.

이신철, 「한일 역사갈등 극복을 위한 국가 간 역사대화의 성과와 한계 : 한일역사공동연구위원회 활동을 중심으로」, 『동북아역사논총』 25, 2009.

이영옥, 「선택과 연계 : 동아시아사 교과서의 청대(淸代) 관련 서술 분석」, 『歷史敎育論集』 50, 2013.

이혁규, 「제7차 사회과 초등교육과정 개정 과정에 대한 문화기술적 연구」, 『교육인류학연구』 3-3, 2000.

임우경, 「비판적 지역주의로서 한국 동아시아론의 형성」, 『동아시아 연구, 어떻게 할 것인가』, 성균관대학교출판부, 2016.

전국역사교사모임편집부, 「중등 세계사 교육의 枯死, 역사교육의 위기」, 『역사교육』 57, 2002.

전병철, 「동아시아사 교육에서 목표로서의 태도 형성」, 『歷史敎育論集』 56, 2015.

전종한, 「2015 개정 『세계지리』 교육과정의 개발 과정과 내용」, 『한국지리환경교육학회지』 24-1, 2016.

정동연, 「2022 역사과 교육과정 선택과목 개발의 쟁점과 논리」, 『歷史敎育論集』 83, 2023.

정 연, 「고등학교 〈동아시아사〉의 성격과 내용 체계」, 『동북아역사논총』 19, 2008.

조동길, 「교육과정과 교과서에 대한 반성적 성찰: 국어 교과를 중심으로」, 『한어문교육』 25, 2011.

조영달, 「교육과정의 정치학 : 7차 사회과 교육과정 결정의 참여구조」, 『시민교육연구』 31-1, 2000.

조영헌, 「『동아시아사』 교과서의 '은 유통과 교역망'-주제의 설정과 그 의미」, 『동북아역사논총』 39, 2013.

_____, 「17세기 위기론과 중국의 사회 변화 : 명조 멸망에 대한 지구사적 검토」, 『역사비평』, 2014.

조지형, 「새로운 세계사와 지구사 : 포스트모던 시대의 성찰적 역사」, 『歷史學報』 173, 2002.

조철기, 「『통합사회』 교육과정 개발 과정에 대한 탐색」, 『한국지리환경교육학회지』 24-1, 2016.

차미희, 「2009 개정 교육과정 고등학교 '한국사'의 전근대사 내용」, 『역사와 교육』 13, 역사교육연구소, 2011.

_____A, 「한국 역사교육에서 고등학교 〈동아시아사〉의 의미」, 『梨花史學研究』 48, 이화사학연구소, 2014.

_____B, 「고등학교 『동아시아사』의 《17세기 전후 동아시아 전쟁》 분석」, 『韓國史學報』 56, 2014.

최병욱, 「'한월관계사'에서 '동남아시아사'로」, 『동양사학연구』 133, 2015.

최상훈, 「세계사 교육의 쟁점과 당면과제」, 『歷史敎育』 138, 2016.

편집부, 「역사교육정상화 대책위원회 자료 : 역사연구단체협의회」, 『歷史敎育』 94, 2005.

_____, 「중등교육과정의 역사교육정상화를 촉구하는 성명서 : 전국역사학대회 협의회 15개 학회」, 『歷史敎育』 98, 2006.

한춘희, 「2011 개정 초등 사회과 교육과정의 비판적 검토」, 『社會科敎育』 51-3, 2012.

황규호, 「미래교육을 위한 초·중등 국가 교육과정 개정 과제」, 『2020 미래교육과정포럼 3차 자료집』, 2020.

황지숙, 「상대화 시각의 동아시아 인식과 교육 방안」, 『역사교육연구』 5, 2007.

황진상, 「동아시아사 교육과정의 변화와 동아시아사 교육의 전망」, 『歷史敎育論集』 60, 2016.

홍성구, 「'새로운' 세계사 구현을 위한 대안 모색」, 『歷史敎育』 142, 2017.

홍순권, 「한말 의병사 연구에 있어서 용어 사용 및 시기구분 문제와 중등교과서의 서술체계」, 『역사교육연구』 20, 2014.

홍후조, 「국가 교육과정 개정의 정치학 : 제7차 교육과정 개정을 중심으로」, 『교육정치학연구』 7-1, 2000.

Ku N.H., The "East Asian History" Elective in Korean High Schools: An Attempt at Reflective Education in Transnational Space. In: Lewis M. (eds) 'History Wars' and Reconciliation in Japan and Korea.'(New York: Palgrave Macmillan, 2017).

Lee, D. K., Generous Gesture? Franco-German Reconciliation from the Korean Perspective. In: Colin N., Demesmay C. (eds) *Franco-German Relations Seen from Abroad. Frontiers in International Relations*, (MD: Springer, 2021).

〈인터넷 자료〉

노무현 사료관 : http://archives.knowhow.or.kr/

동북아역사재단 홈페이지 : www.historyfoundation.or.kr/

〈동아시아사〉 교육과정, 누가 어떻게 만들었을까?

초판인쇄 2023년 10월 18일
초판발행 2023년 10월 18일

지은이 지모선
펴낸이 채종준
펴낸곳 한국학술정보(주)
주 소 경기도 파주시 회동길 230(문발동)
전 화 031-908-3181(대표)
팩 스 031-908-3189
홈페이지 http://ebook.kstudy.com
E-mail 출판사업부 publish@kstudy.com
등 록 제일산-115호(2000. 6. 19)

ISBN 979-11-6983-740-8 93370